一〇二歳の習慣

いつまでも健やかでいたいあなたに、覚えておいてほしいこと

髙橋幸枝

飛鳥新社

はじめに

二〇一六年に著した『100歳の精神科医が見つけた こころの匙《さじ》加減』は、おかげさまで全国の多くの方に読んでいただくことができました。さらには海外の皆様にも届けることができ、大変うれしく思っています。

それから一年。

一〇〇歳を超えて、さらに変わり始めた私の心のうちをとどめておきたいと、再びペンを執りました。

年をとると、皆寂しくなるものです。

精神科の医師として第一線で働いていたころは、やるべきことが多すぎて、なかなかわからなかったものですが、最近になって「寂しくなる」という気持ちを、ようやく実感するようになりました。

「寂しい」という感情が湧いてくるということは、いささか面倒なことではあるのですが、そんな感情の御し方を獲得していくのも老いの技術のひとつ、と言えるかもしれません。

この本では、一〇一歳を迎えた私が、長年続けてきたささやかな習慣や、普段から心がけていることを中心にまとめました。

たとえば「寂しい」という気持ちに襲われたとき。心に一旦さざ波が立つと、それを鎮めることはちょっとむずかしいものですよね。

けれども対処方法は、いくつもあります。

誰かと向き合い、話をするだけで、人は慰めを得られるものです。

花を眺めたり、育てるもよし。生きものの世話をするのもよし。

自分のことで精一杯、という状況であれば、空を見上げるだけでもよいのです。

そこに浮かぶ雲の形の移ろいは、あなたの心を驚きや感動で満たしてくれます。


どんな人の人生も、有限です。

心配や悩み事で心をかき乱されたり、本当の気持ちを抑えつけることを余儀なくされたり……。そんな瞬間を過ごすなんて、「もったいない!」

一〇〇歳を超えた私には、そう思えてならないのです。より健やかに、より幸せに日々をおくるために。

誰でも手軽に始められる〝暮らし〟と〝心〟の習慣についてお話しさせてください。

二〇一八年二月

髙橋幸枝

一〇一歳の習慣 いつまでも健やかでいたいあなたに、覚えておいてほしいこと ◎目次

第1章 「ほんのひと手間」の魔法

第2章　ゆるやかな人間関係は、人生の宝物

第3章 年齢を重ねながらゆっくり考えたこと

第4章　生きる力をくれる、ささやかなもの

第5章　からだと心の声にゆっくり耳を傾ける

第1章「ほんのひと手間」の魔法

1

面倒なことも、あなたの人生の大切な断片です

どんなに恵まれた境遇の人でも、生きていくうえで、やっかいなことはつきまといます。「手間がかかること」に費やす時間を、無駄と見るのか。人生の大事な一瞬として、愛しむのか。決めるのは、あなた自身です。

「一〇〇歳を超えて、何か変わったことはありますか？」

そんなお尋ねをいただくことが、大変多くなりました。

よくよく考えると、一〇〇歳を超えてから、自由度がぐんと下がったような気がします。

ちょっと出かけたいときも、ひとりで行くのはむずかしいので、誰かに同伴をお願いしなければいけない。

歩くときは「転ばないこと」を常に心がけなければいけない。

誰かと会うときは、補聴器をつけなければいけない。

つまり、「面倒なこと」が増えたのです。

もちろん、若いときにも面倒なことや手間のかかることは多かったものです。

病院を運営し、医療の現場に身を投じていたときから、そうでした。

当時は、「手間がかかること」については、「早く終える」「効率よくこなす」「うまく片づける」というとらえ方をしていたような気がします。

経営者ですから、「効率化」を考えることは当然の使命でもありました。

ところが一〇〇歳を超え、手間がかかることがより一層増えてくると、それを楽しむ心の余裕が出てきたような気がします。

何しろ日常生活のほとんどが、「手間がかかること」の連続。でもそれらは、すべて自分のからだを守ることでもあるのです。

これをマイナスの変化ととらえ、ストレスを逐一感じていては、身が持ちません。

「手間がかかること」を、楽しむ。
「面倒なこと」にかける時間を、愛しむ。

そう考えるようになってから「笑顔が増えた」と言われることが多くなりました。

たとえば、補聴器とのおつき合いもそうです。

私の場合、補聴器は常時つけっぱなしというわけではないので、その管理は面倒なものです。

「どこに置いたっけ」「誰かに預かってもらったはずだ」などと混乱することもよくあります。

また、補聴器を見つけてようやく耳にはめたとしても。

補聴器の調子が悪くて、うまく聞こえないことがあります。

そんなときも、怒ったり嘆いたり、感情的にならない。

なぜなら、そんな面倒さもひっくるめて、人生の大切な一部だからです。

もちろん、「面倒を楽しむ」という域にまでいくには、時間がかかります。

その前段階として「ちょっと手間のかかることも、まずは我慢してやってみる」「面倒なことに、気持ちを動かされないようにする」、そんな訓練をしてみることをおすすめします。

誰だって「手間がかかること」はいやなもの。

でも最初に少しだけ我慢をして、「手間がかかること」に着手すると、「楽しい」という気持ちが湧き起こってくることもあります。

これを脳科学の専門用語で「作業興奮」と呼びます。

また、我慢してやり遂げたことを、身近な人に話すこともよいことです。

次の機会にも、再び頑張ることができるでしょう。

「面倒あってこその日々」と思えるようになると、手間をかけることが愛おしく感じられるようになりますよ。

2

手間がかかることほど、やりがいがある

面倒なことを、やり遂げられたとき。

「今の私でも、できた！」

そんな充実感を得ることができます。

そして、充実感が積もり積もったとき。

「自信」や「喜び」に心が満たされるはずです。

私たちの病院では、患者さんたちの退院後の就労支援にも心を砕いてきました。

「健やかさを回復して、外の世界に戻ったとき、社会生活にすんなりなじんでいけますように」

そんな思いを込めて、試行錯誤を続けてきました。

「院外作業」という時間を設け、連携先の中小企業さんの工場などで、仕事をさせていただいているのも、そんな試みのひとつです。

もちろん「簡単な手作業を数時間行うだけ」とはいえ、訪れる先は、きちんとした一般企業。患者さんたちが、社会人としての最低限のマナーやふるまいを実践できるよう、病院の私たちも、その指導にとても気を遣います。

院外作業に出かける患者さんは、個人差も大きいので、工場に送り出す前には、きめ細かな観察や、個別の助言が欠かせません。

当然ながら、受け入れていただく工場とのコミュニケーションも重要です。

そして工場で働く患者さん本人にとっても、院外作業の時間は、「楽しみ」であると同時に、少しのしんどさや不安、心配をともなうものかもしれません。

つまり、誰にとっても「院外作業」はきっと、ちょっぴり面倒なものであるはずなのです。

けれども、その喜びと、面倒さを天秤にかけたとき。

喜びのほうが勝ることは言うまでもありません。


ある年の瀬のこと。院外作業をさせていただいている工場の奥様が、病院に挨拶に来られ、感謝の言葉をかけてくださいました。

「病院から来られる皆さんには、とてもよく仕事をしていただいて、ありがたい」

そして、次のような心温まるやりとりがあったと報告してくださったのです。

「最近は不景気で、小規模の下請けの会社が倒産することが珍しくありません。

今はうちも、皆さんにお手伝いをお願いするほどお仕事がありますが、この先どうなるかはわからないんです」
こんな工場の奥様の言葉に、患者のWさんはこう答えたといいます。
「そんなことを、どうか心配しないでください。私たちは、食事は病院のほうで食べさせてもらっています。だから、お金はいらないのです。呼んでもらえたら、いつでも一生懸命働きますよ」

私はこの話を聞いて、患者さんと工場の皆さんとの関係が良好で、楽しく充実した時間を共有させてもらっているのであろうと確信しました。

「面倒なこと」を乗り越えて、大変なことをうまく軌道に乗せられたとき、その喜びは、とてつもなく大きいものになります。

3

「煩わしさ」の先には、幸せが待っている

手間のかかることに取り組んだとき。
ゴールの先に、
予期せぬ幸せが待っていることがあります。
「どんな幸せかは、たどりついてからのお楽しみ」
そう思えば、無心になって、
煩わしいことにも向き合えるものです。

私がまだ六十代だった三十数年前。毎年恒例の行事として、入院患者さんたちと、日帰りのバス旅行によく出かけていました。

当時「院外に患者さんたちと出かける」という試みは、全国的に見ても珍しいものでした。その理由として、なんといっても煩雑さが挙げられるでしょう。外来は休診、職員は総出になりますし、事前の準備も大変なものです。職員たちは、通常業務に加えて手配にあわただしくなりますし、患者さんたちの中にはソワソワし始める人も出てきます。

「面倒なこと」と感じている人もいたはずです。

私だって「面倒に感じたことなんて、ない」と言えば嘘になります。でも、面倒だと感じる以上に、それを数十倍も上回る喜びや楽しさがあったと思います。

今でもはっきりと覚えている出来事があります。

昭和五五年の春、箱根にお花見にバス四台で出かけました。

バス旅行の際に気を遣うのはバスの車内です。限られた空間の中で長時間、全員が心地よく過ごすのは、むずかしいこと。患者さんにとっては、なおさらです。案の定、出発からしばらく経つと、車内は騒然とし始めました。

そんなとき、Kさんという若い男性患者が、ウィットに富んだ歌を突然披露してくれたのです。

Kさんはまず、バスガイドさんにこんな問いを投げかけました。

「ガイドさん、ガイドさん。『月』っていう歌を知っていますか?」

「はい、知っていますよ。盆のようなお月様が出た様子を歌っている歌ですよね」

「あの歌の反対の歌を知っていますか?」

「えっ、反対の歌? なんでしょう? 私は聞いたことがありません」

「じゃあ、私が聞かせてあげましょう」

そしてKさんは、意外なほどの大声で、美声を聞かせてくれました。

「たで、たで、きつが、いるま、いるま、いるまんま、なうよのんぼ、がつき……」

なんとそれは、文節ごとに言葉をさかさまにした歌詞だったのです。

今のように、ネットもなく、テレビや雑誌などのメディアも数多くない時代。Kさんはいったい何をヒントに「歌詞の言葉をさかさまにする」というアイデアを思いついたのでしょうか。

今となっては確認する術はありません。けれども彼がそれを着想し、「バス旅行で、皆の前で披露しよう」と計画していたのだろうと想像すると、私の胸は熱くなりました。なぜなら、Kさんはもともと社交的ではなく、積極的に自己表現をするタイプではないからです。

「バス旅行」というハレの日、「バスの車内」という非日常への期待。

そして、バスガイドさんという新しい人との関わり……。

きっとこれらが、Ｋさんにとってよい刺激となったのでしょう。

お月様の歌を披露し終えたＫさんには、大きな拍手が浴びせられました。

Ｋさんの「お月様の歌」をアカペラで聴けただけでも、私はバス旅行をしてよかったと感動しました。もちろん、ほかにもマイナスのことはありました。

強羅《ごうら》公園が寒くて、ブルブル震えながら昼食をとる羽目になったこと。

肝心の桜がつぼみで、まだまだ見ごろではなかったこと……。

でも、そんなことがちっぽけなことに思えるほど、「大きなおみやげを得ることができた」。そう満足して、帰途につくことができたのです。

「大きな喜びには、ほんの少しの手間がつきもの」

そんなルールを、神様はおつくりになったのかもしれませんね。

4

自分以外のことに手間をかける、という贅沢

年齢を重ねれば重ねるほど……。
自分のことだけで、頭がいっぱいだったり、
周りのことまで、手が回らなかったり。
だからこそ、
「動植物にまで愛情が注げる」ということは
幸せなことなのです。

美しい花は、私たちの生活に「あるとうれしい」存在です。暮らしに彩りを添え、うれしいときも、悲しいときも、心にそっと寄り添ってくれます。そんな真理は、今も昔も変わりがありませんが、「花」を取り巻く環境は大きく変わっているようです。

本屋に行けば、花の育て方をやさしく説いたガイドブックが数多く出版されています。園芸店に行けば、苗も肥料も、簡単に手に入ります。

つまり一般の人でも、やる気にさえなればほぼ専門家とほぼ同等の情報や、園芸用品を手に入れることができるのです。

「科学が進歩するとは、こういうことなのか」と感心せざるをえません。

私は昔から、大の〝花好き〟です。からだがよく動いた若いころは、庭にたくさんの花を植え、その世話を楽しんでいたものです。

もちろん、今のように高度な情報化社会ではありませんでしたから、花の世話といっても、それが正しいお手入れの方法だったのか、疑問は残ります。
今の人にとっては、驚かれるような、あるお手入れ法のことをお話しさせてください。

ある時期、家を新築するため、仮住居に住んでいました。
ほんのわずかな庭があったので、そこに一本の牡丹を植えていただくことになりました。今も忘れもしませんが、五月三日に深紅の八重の大輪の花を咲かせてくれました。

なぜ、そんなたった一輪の庭の花のことを覚えているのかというと、当時の私は老いた母と病弱な妹と一緒に暮らしており、その牡丹が大きな心の慰めになってくれたからです。

春になり、テレビで盛況な牡丹園の様子が報じられるたびに、「行ってみたいけれど、疲れてしまうだろう……」。

そうあきらめていた私たち女三人にとって、「わが家に、一輪の牡丹が咲いてくれた」という事実は、飛び上がって喜びたいくらいの朗報でした。

私たちが喜んで触れ回ったせいで、近所の人たちも一輪の牡丹を愛でに、猫の額ほどのわが家の庭に、足を運んでくださいました。

それから「一輪の牡丹をなるべく長もちさせよう」と、私たちは心を砕きました。そのとき、遊びにきていた姉がとった行動は、意外なものでした。

「花の芯に砂糖を入れると、牡丹は一週間長もちする」

そう言って、丁寧に花の中心に砂糖を振りかけてくれたのです。

まるで生まれたての赤ん坊に接するように、私たちは一輪の牡丹を大切に愛しみました。水やりはもちろん、牡丹の周りに常に気を配り、「ほんのひと手間かける」ということを心底楽しんでいたように、記憶しています。

それは本来「面倒なこと」であるはずなのに、私たちにとってはこの上ない幸せな作業の連続だったのです。

けれども今振り返ると「花の芯に砂糖を入れる」というお手入れの方法が、本当に科学的なものであったのか、よくわかりません。

出版社の方に調べてもらったのですが「残念ながらそのような情報は見当たらない」と言われました。民間伝承的な手入れ法だったのかもしれません。

園芸にまつわる知識は、どうやら時代と共に洗練されていくようです。

ただ、花の美しさは、これからも普遍的な価値を保ち、私たちの心を慰め続けてくれるはずです。

5

面倒に思える人ほど、本当はありがたい

好意的に話しかけてくれるだけではなく、
批判や意見、冷やかしを投げかけてくる。
そんな人ほど、あなたとの距離を縮めたいのです。
逃げ回ったり、煙たがらずに「ありがとう」。
そうとらえてみませんか。

何歳になっても、ちょっと面倒なことのひとつに「人づき合い」があります。どれだけおしゃべり好きで、社交的な人であっても。

家族や家庭の話や、複雑な事情がからむこと、まだ先行きが見えないことに周りから首を突っ込まれるのは、あまりうれしくないものですよね。

だからといって、人づき合いを断つことは、現実的ではありません。

野次馬根性丸出しの人や、好奇心だけで近づいてくる人と話すときは、柔らかな物腰で質問を適当に受け流すのが正解です。

とくに女性が多い組織や集団には、噂はもちろん、遠慮のない不躾《ぶしつけ》な質問や、おせっかい的な言動がつきもの。言葉のやりとりを字義通りにとらえて、そのすべてに誠実に答えようとすれば、心が持たなくなってしまいます。

たとえば私の病院で、職員の誰かが休んだとき。

患者さんが、よく心配してくれたものでした。

「先生、○○さんを最近見かけないけれど、どうしたの？」

職員といえども、家庭の事情で突然休んだり、ときには退職せざるをえないことが往々にしてあります。とくに女性の場合、お子さんの病気や学校行事、ご主人の都合による引っ越しや、親の介護などです。

そのような事情については、ご本人から報告をいただきますから、私は把握しています。もちろん守秘義務がありますから関係者以外には口外はできません。

無邪気に尋ねてくる患者さんたちに、私はよくこうお答えしていました。

「○○さんは、ご家族の都合でとっても忙しくて、これから病院に通えなくなるかもしれないの。でも、病院のことも大好きだし、皆さんと別れるのもつらいし、困っているの」

すると、患者さんから突拍子もない答えが返ってくることがあります。

「あーら、○○さんは病院が大好きだなんて。私は病院なんて大嫌い」

その発言に呼応するように、周りの患者さんたちもつられて声を上げ始めます。

「私も病院なんて嫌い」

「そうよそうよ」

「あら、私は病院が好きだわ」

「私は、長くここにいるから、一度退院したいわ。そしてまた戻ってきたい」

作り話のようですが、収拾がつかなくなることも珍しくありませんでした。


患者さんの中には、相手の事情や気持ちを慮《おもんぱか》ったり、忖度《そんたく》することができない人が多くいます。思い浮かんだことを、そのまま口にしてしまうのです。

でも、現代においては、そんな純粋さは貴重な〝美点〟なのかもしれないと思うこともあります。

相手に関心を持って、ズバズバと遠慮なく言葉をかけてくれる。そんな患者さんたちのことが、私はとても好きです。

もし彼らが突然、とりつくろったような会話をしたり、社交辞令ばかりを口にするようになってしまったら。

それはそれで、きっと寂しい気分になることでしょう。


一般的な社会でも同じことがいえるのではないでしょうか。

あなたのことについて、なんやかやと声をかけてくる人が、もしいた場合。

「うるさいなぁ」「そっとしておいてほしいなぁ」と、面倒に感じたとき。

「私に興味を持ってくれるなんて、ありがたい」

まずは、そうとらえてみてください。「真実」や「本心」をすぐに明かす必要は、ありません。そして、相手の言葉を真に受けすぎず、話半分に聞いて、笑顔で接することを優先してみましょう。

「人づき合いがいやだ」とすべてを遮断してしまうより、そのほうが楽しい人生になるはずです。

第2章
ゆるやかな人間関係は、人生の宝物

6

人間関係は、もっとなめらかにできる

相手の悪いところではなく、
よいところに目を向ける。
そして、感謝の気持ちをはっきりと伝える。
こんな人づき合いの基本的な原則を、
思い出してみてください。

人間関係を円滑にするコツについて、よく助言を求められます。

そのたびにお伝えしているのが「相手を褒《ほ》める」、そして「感謝の気持ちを伝える」ということです。

この二点さえ忘れなければ、どんな人とでも仲良くやっていけるはずです。

順番に見ていきましょう。

ひとつめの「相手を褒める」。

これは少し手間がかかることかもしれません。

なぜなら、「相手の何を褒めるのか」を考えなければいけないからです。

適当に上っ面だけ褒めるだけでは、お世辞であると瞬時に見抜かれてしまうことでしょう。

「相手を褒める」ために、相手をよく観察することが重要です。

「面倒だなあ」などと思わず、その人のよいところに目を止める訓練をしてみてください。

人は、ついつい相手の悪いところにばかり注目をしてしまうものです。

でも実際は、どんな人でもよいところはあるはず。

相手のよいところを、うまく発見できるようになれば。

その人自身、前向きな見方ができるように、より一層成長していきます。

そして、発見した「長所」は、ぜひ相手に伝えるようにしましょう。

恥ずかしさや照れといった気持ちを克服して、素直に相手を褒めるところから、心が初めて通い合うようになります。

ふたつめの「感謝の気持ちを伝える」。これも、生きていくうえで、とても大事なことです。「気遣いをしていただいた」と気づいたとき。「あら助かったわ」「ありがとう」と素直にお礼を言えるような大人になりたいものです。

たとえ相手が年下や、目下の立場の人であっても、躊躇《ちゅうちょ》せずに積極的にお礼を言うべきです。

「こちらは年寄りなんだから、元気な若い人に気遣いをしていただいて当たり前」そんなふうに思った途端、周りの人たちは遠ざかっていきますから、注意をしてください。

最近、介護人口が増えていると聞きます。「老老介護」も多くなっているようです。介護の現場では、人間関係の悪化も問題になりがちです。

最悪の場合は、介護者と被介護者で喧嘩になったり、さまざまなトラブルに発展することもあります。そんな事態を招かないよう、言葉のやりとりから見直す必要があるのではとよく思います。

「相手を褒める」、そして「感謝の気持ちを伝える」。

人間関係を円滑にするこのふたつのコツを、ぜひ意識してみてください。

7

「ありがとう」を期待しない

感謝されることを期待するほど、
不確定で、苦しいことはないでしょう。
相手に尽くすとき、
「ありがとう」を求めてはいけません。
それよりも、あなた自身が積極的に
「ありがとう」を言う側に回ってみませんか。

「今日、Eちゃんに朝食を持っていったら、初めて『ありがとう』って言ってくれました」

ある朝の申し送りのとき、こんな報告がされたことがありました。

私たちは一同「よかった、よかった」と大喜び。

なぜなら、Eちゃんが入院をしてからそれまで二か月もの間、彼女は心を閉ざし、私たちになぜだか乱暴な行動ばかりをとっていたからです。

「運んだ食事を食べない」「薬を飲まない」

彼女の反抗は、そんな程度にとどまりません。

脱いだ洋服をわざとトイレに放り込むなど、ダイナミックな振る舞いに及ぶこともしばしばでした。

けれども、なぜ彼女がそんな行動をするのか。本当に伝えたいことは何なのか。

私たちは手を尽くし続けてきましたが、突き止められなかったのです。

「悪いことをしているという自覚は、彼女にあるのかしら？」

「Eちゃんには、気長に向き合っていくしかないのでしょうね」

「私たちで心を合わせて、ゆっくりとやっていきましょう」

Eちゃんのことが話題になるたびに、私たちはそんな言葉をかけ合いました。

そして、「Eちゃんには、できるだけ温かい愛情を持って接すること」という方針で、彼女に接してきたのです。

食事の介助はもちろん、排泄のフォローやケア、そのほか身の回りのお世話まで。丁寧に、とにかくやさしく行なってきました。その結果、ようやく二か月めにして、Eちゃんは「ありがとう」と言ってくれたのです。

「ありがとう」という言葉は、日ごろから意識をしていないと、なかなか口に出せません。心身に不調を抱え、ストレスが多い患者さんであればなおのこと。

そんなこともわかっているからこそ、私たちはEちゃんの初めての「ありがとう」に感激をしたのです。

現在、ご家族の介護や看護に奮闘されていらっしゃる人も多いことでしょう。「ありがとうって、感謝されたことなんてない」という方もいるかもしれません。そのような方は、このEちゃんの話をときどき思い出してみてください。

極度に弱っている人が「ありがとう」と言えるのは、年に数度あるかないか、というほど貴重なことなのです。

そして、あなたがもし元気であるならば。

「ありがとう」という言葉を、周りに向けて積極的に使っていきませんか。

「ありがとう」という言葉を待ち望むより、そのほうがあなたも周囲も、幸せになれるはずです。

8

区切りを意識する

時間を、悠久な大河の流れのように
感じることがあるかもしれません。
けれども、自然の時の流れに
身をまかせるだけではなく、
ときには区切りをつけ、計画を立てる姿勢も重要です。

人の命というものは、切れ目なく続いていくものです。

生物としての時間の流れに、はっきりとした区切りはありません。さまざまな感情をともないながら、時を積み重ねていくことが、人間の営みです。

だからこそ、心の中で自発的に区切りを設けて、過去を振り返ったり、心を新たにしたり。時が流れていること、手持ちの時間は有限であると自覚することが大事なような気がします。

昔は主要な街道には一里（約三・九キロメートル）ごとに塚が築かれ、旅程の目安になると同時に、旅人たちの心のよりどころとなっていました。

長い人生の中でも、この「一里塚」のような存在は、私たちに大きな励ましを与えてくれます。たとえば、お盆やお正月などをはじめとした、季節の行事です。

このような節目には、仲間と集まっておいしい料理やお酒をいただいたり、神社やお寺に参詣したり、非日常なひとときを楽しむという方が多いでしょう。

そんなとき、楽しい気分を味わうだけではなく、できれば「人生の区切り」も強く意識をしてほしいと思います。

「人生の区切りをまたひとつ、無事に越えることができて、ありがたい」

そんな意識があるかないかで、日々の暮らし方の濃密さまで異なってきます。

とくに、毎日忙しくなると「区切り」は意識しにくくなってしまいます。

私自身は、いつも年の瀬に「大きな区切り」を感じるようにしています。

「相変わらず、変わりばえしない一年だった」「同じことの繰り返しだった」「貴重な時間が、知らない間にのんべんだらりと流れてしまった」……。

そう痛感することも、珍しくありません。

皆さんはいかがでしょうか。大事なことは、「反省」だけではありません。

「次の区切りは、より充実させていこう」と建設的にとらえることが重要です。

そのための具体的な方法もあわせて考えられると、なお理想的です。

さらに言うと「一年＝大きな区切り」、「一か月＝小さな区切り」ととらえると、暮らしをより計画的にしていくことができます。

たとえば、「毎月定期的に、主治医に健康診断をしてもらっている」という人が、最近増えています。毎月血圧や血糖値、コレステロールの値や骨密度などを測ってもらっているというわけです。

それはちょっと面倒なことかもしれませんが、「一か月＝小さな区切り」という意識が否が応でも強まるでしょうから、素晴らしい習慣だと思います。また、検査によって病気の早期発見や早期治療につながる確率も高くなります。

もちろん異常がなければ、大きな安心を得ることができます。

「大きな区切り」「小さな区切り」を体感できる有意義な計画を、楽しみながら立てていきましょう。

9

与えることで、与えられる

「お役に立ちたい」「貢献したい」

そんな気持ちは、素敵なこと。

ぜひ、尽力してみてください。

その過程では、予想もしなかった学びや気づきが
きっと得られるはずですから。

元号が平成になったころ。

ささやかですが、ボランティアのお手伝いをしていました。

自殺予防を目的とする、「いのちの電話」という無料の相談システムがあります。そのアドバイザーを志望する人たちの育成を、お手伝いするというボランティアでした。

よく知られているように、「いのちの電話」というのは、さまざまな困難や危機にあい、自殺などを考えている方々のための相談の仕組みです。

失意の底にいる方に、まずは自殺を思いとどまってもらい、次善策や解決策を探すよう助言する。そんな大役を担うのが、アドバイザーです。

アドバイザーになるには相当の覚悟や、理解、傾聴の技術などが求められます。

ですから当時は、研修を受けることが必須でした。

それも、座学で学ぶだけではありません。

勉強会や講演会などに参加したり。地域の作業所に体験就労したり、そこの食堂の配膳のお手伝いをしたり。

盛り沢山なプログラムを通して、さまざまな学びを得ていただきます。

このような体験は、普段はなかなかできないことですから、研修を受けるということは、大変意義のあることです。

私も一緒にこれらのプログラムに参加しましたが、多くの出会いを通して、深い学びを得ることができました。


一般的に、「ボランティア」という言葉には、自分の時間や、働きや、好意を「与える」側に回る、というイメージがつきまとうようです。

ですが、本当は多くのものを「与えられる」側であるのかもしれません。

まだ心身が健やかで、自由になる時間があるという方には、「誰かのために献身する時間」を持つことをおすすめしたいと思います。

私自身の場合、仕事に没頭していた時期を経て、病院の体制がようやく整い、ボランティアをポツポツ始めた時期から、自分自身にガタが来始めました。

当たり前の話ですが、誰かのために献身したいなら、なるべく早くに取り組むことが理想です。

もちろん、自分自身の仕事や家庭を犠牲にしてまで始めることはありません。「やってみようかな」という心の余裕が出てきたときこそ、ボランティアの始め時です。

また、ここでは本格的な研修の受講を必要とするボランティアの話になってしまいましたが、もっと気軽に参加できる質のボランティアも、世の中には多くあります。ご自身の可能な範囲で、興味に合うものを探してみてください。

10

話を聞くだけでも、相手のお役に立てる

人は誰でも、寂しいもの。
相手から「興味を持ってほしい」「向き合ってほしい」
常にそう願っています。
さらに言うと「話しかけられること」より
「話を聞いてもらうこと」を望んでいる人が
ほとんどです。

心の不調には、さまざまな名前がついています。

どんな診断をするにせよ、私たち医師が「病気かそうでないか」を判断するひとつの大きな目安があります。それは「家事ができるかどうか」です。

掃除をしているつもりなのに、なぜだか部屋がきれいにならない。片づかない。台所に立って調理をしたつもりなのに、食事にならない。

こんな自覚がご本人にあったり、ご家族から少しでも出た場合。さらにじっくりと患者さんに向き合うことになります。


ただ、長年この仕事をしてきて「この判断の目安が本当に正しいのだろうか」と迷うことはよくあります。

たとえば患者のRさんは、初診のときに「きちんと片づけができない」と打ち明けてくれました。Rさんは真剣な表情で、その理由を次のように説明します。

「部屋の中がぐちゃぐちゃに散らかっているほうが、どこに何があるかわからないから、泥棒が来たときには安全なんです」

このように断言されると、彼女の言い分にも一理あるような気がしてきます。

もっと心を柔らかくして考えてみると……。

「部屋の中は、整理整頓をして常に片づけておかなければいけない」

こんな一般的な考え方が、はたして本当に正しいものなのだろうかと、〝常識〟に揺さぶりをかけられることすらあります。

もちろん、私たちは患者さんに〝常識〟を押しつけるようなことはしません。患者さんの言葉に耳を傾け、その内心の声に心を研ぎ澄ませて寄り添います。

私たちは専門家ですから、どんなに突拍子もなく聞こえることにも動揺せず、否定もせず、受け入れる。そんな訓練ができています。またどんな話の展開になっても、話をさえぎらず、穏やかな気分で時間を共有する術も心得ています。

このような「聞く技術」のことを、「傾聴《けいちょう》」と呼びます。

傾聴の原則とは、相手の言い分を、無条件に一〇〇パーセント受け入れることです。そこに「否定」や「慰め」「励まし」「助言」などは含まれません。実際にぜひやってみていただきたいのですが、これはなかなかむずかしい技術です。

誰だって、会話の合間に反論やアドバイスをさしはさみたくなったり、自分の体験談などを披露したくなるものだからです。

あなたも、もしかすると人の話を聞くことを面倒に感じられたことがあるかもしれません。でもそんなときは「傾聴」だと思って、耳を傾けてみてください。相手からそんな言葉が出てくる理由について、思いを馳せてみてください。

患者さんに限らず、どんな人も話を聞いてほしいのです。年齢を重ねた方なら、なおさらです。そんな原則を知り、「聞く」ことに集中するよう心がけていくと、人間関係が円滑に回り始めます。

11

誠実さは、必ず届く

面倒がらずに、言葉を尽くす。
行動を尽くす。
その根底にある気持ちは、必ず相手に届くもの。
うまくいかないときは、
伝え方をほんの少し変えてみましょう。

「認知症の家族のお世話で疲れきっている」

そんな人のお役に立てればと思い、ある思い出を書いておきます。

女性の入院患者、Ｆさんとの思い出です。

「認知症の人との対話は、面倒で疲れる」

そう痛感している方は、多いのではないでしょうか。私も今まで、何千人もの高齢の認知症患者さんに接してきました。そのお気持ちはよくわかります。


語りかけた言葉を、どれほど理解してくれているのか。それが瞬時にわからないため、会話をしていても手ごたえがなくてイライラしたり。

同じフレーズを何度も大声で繰り返して、疲弊したり。

相手にメッセージが伝わっているように見えていたのに、「まったく伝わっていなかった」と気づいたり……。

周りが徒労感に襲われるケースが多いはずです。

けれども、認知症の方が「意外とよくわかってくれている」。そう気づいてうれしくなることも、たまにあります。

Fさんの場合、認知症が進むスピードは速いものでした。「なんでも盗まれる」という被害妄想で大騒動を引き起こし、それがだんだんやんできたかと思うと、次は「あなたにマンションをあげる」と、誰彼かまわず告げて回るようになったのです。

そんな話を職員さんから聞いて、よくない兆候だと感じていた矢先のこと。診察時、Fさんは私にも「マンションをあげる」と切り出したのです。しかも「マンションをひとつあげるから、私を自宅に帰してほしい」という、交換条件の形でした。

私は平静を装い、こう答えました。

「私は何もいらないの。何もほしくないの」

するとFさんは表情をサッと変えました。

「先生えらいのね。今まで、いろんな人に『マンションをあげる』と言ったけれど、いらないと言ったのは先生だけです」

「マンションをあげるとか、持っているとか、そんなことは人前で言っちゃ駄目よ。あなたの財産は、誰にも盗られちゃ駄目」

Fさんは、きょとんとした様子で私を見つめていました。けれどもその後、私にだけは「マンションをあげる」とは、一度も言わなくなったのです。

認知症の人にも、真摯《しんし》に向き合えば、その気持ちや姿勢は絶対に伝わります。「何を言っても通じていない」ように見えることがあるかもしれません。それでも相手を信じることです。相手を信じて、面倒がらずに言葉を尽くすことです。

そんな誠実さは、認知症の人の心に届く。私は経験上、そう信じています。

12

適当でもいい
周囲に寄り添っていく

からだが動くうちは、
面倒でも外に出たり
相手に合わせようと試みること。
ひとりでいると、どうしても
わがままになってしまいますから。

とても寒い時期や、暑すぎる時期。なんだか体調が思わしくないとき。自分を守るために「じっとしていること」は、大事です。それが病気やけがを未然に防ぐことにつながるからです。

けれども、まだ六十代や七十代で「気力も体力も、まだある」という方の場合。自分から積極的に外に出ていくこと。そして可能な範囲で周りに合わせていくことを、おすすめしたいと思います。

つまり「周りの人に、自分に慣れてもらおう」という意識ではなく、「自分から社会の中に入っていこう」「周りに沿っていこう」という気持ちがとても重要なのです。

もちろん、それが面倒であることは百も承知です。

でも、あまりにわがままであったり、人との交わりを避けすぎたりすると、人づき合いからどんどん遠ざかってしまうことになります。そうなると結果的に、寂しい時間が増えてしまうかもしれません。

時代が平成に変わったころ、忘れられない出来事がありました。

高校生のときから十年診察を続けてきた男性患者、Sさんにまつわるお話です。

Sさんは一時期入院をしていましたが、その後回復、退院したという経緯があります。当時は自宅から作業所に通い、社会人として真面目に働いていました。

そんな彼が、久しぶりに外来を受診し、ある気づきについて話してくれました。

「髙橋先生、僕は『雰囲気が変わると調子が悪くなる』とわかりました。どうすればいいんでしょう」

「前も『仕事の内容が少しでも変わると頭が痛くなる』って困っていたわね」

「そうなんです」

「じゃあ、同じ内容の仕事を、ずっと同じ状況でできれば理想的というわけね」

けれども実際、そんなわがままが常に聞き入れられる保証はありません。そこで私は彼に、こんな助言をしました。

「むずかしい言葉で言うと、今のあなたは周りの変化に対して『適応の幅が狭い』という状態なの。うまく適応できないと、すぐに調子が悪くなってしまうのは『なんでも完璧にうまくやろう』という気持ちがあるからでしょう。周りが変わっても『この程度の頑張りでやめておこう』と考えたり、いい意味で折り合いをつけることができれば、調子が悪くなることはなくなるはず。

周りの変化をいったん受け入れて、慣れていく。周りの変化に、自分を合わせていく。今はむずかしいかもしれないけれど、そんな姿勢も大事なことですよ」

Ｓさんの話は、高齢の方にとっても有益なアドバイスだと思い、紹介をさせてもらいました。私もできるだけ、周囲に合わせることを面倒がらずに生きていきたいと願っています。

13

あらゆる競争から、〝卒業〟していい

若いうちは「競い合う」ことで、高め合えることもあります。
けれども年齢を重ねたら、労《いたわ》り合いたいもの。
心を病むほど競ったり、人と自分を比べるなんて愚の骨頂です。

私は、テレビでスポーツを見るのが楽しくてなりません。

中でも、オリンピックの中継番組を見るのが大好きです。

思えば今まで何回も、テレビ越しにお茶の間からオリンピックを見守ってきました。夏季も冬季も合わせると、その回数は二十回を優に超えます。

そのたびに実感するのは「勝負の世界の厳しさ」と、「世界の壁の厚さ」です。

「四年に一度に勝負を賭ける」という、一回性。

そして「世界中の一流アスリートたちと、国を代表して競う」という、緊張感。

各国の代表選手のメンタルは、見習わせてほしいくらい、素晴らしいものだと思います。

もちろん、それぞれの国の「代表」という立場を目指しての競争も存在するわけで、その競技人口はもっと多くなります。

その方々の胸中を思うと、私は胸が熱くなります。

オリンピックが興味深いのは、見ているほうまで感情が深く揺さぶられること。「スポーツとは筋書きのないドラマ」などと形容されますが、本当にそうですね。期待通りにも、予想通りにもいきません。

たとえば中間ニュースで、団体競技に参加している日本勢の調子がよくないと聞いただけで、気分が落ち込み、わがことのように悲しくなってしまいます。

「あまり引きずられすぎてはいけない」と戒めることもしばしばです。

「負けを意識したときに、悲しくなる」という心の動きの背景には、「勝ちたい」という意識や、「勝たなければ意味がない」という思い込みがひそんでいます。

それらがなければ、競技を純粋に「楽しむ」ことができるでしょう。

オリンピックの創始者といわれるクーベルタン男爵は、かつて「オリンピックは、参加することに意義がある」と宣言しました。

年齢を重ねると、この有名な台詞の重みがよくわかります。

どんな競争でも「勝つ」「一位になる」ということは、大変なことなのです。

「メダルをとるなんて至難の業。普段と同程度の力を本番でも出せれば、それで十分」

そう指摘する評論家もいますが、私もまったくもってその通りだと思います。

本番でも、いつも通りのことをできるとは、なんて素晴らしいことでしょう。

今は、応援する側の期待値が、闇雲に上がりすぎてしまっている気がします。

あらゆることにいえますが、最初の期待値が高すぎると、その人自身も、周りの人も幸せからは遠ざかります。


現代は非情な競争社会です。

私自身は、もうそんなステージから押し出されてしまった年代ですが、かつては医学部受験などで〝競争〟の厳しさは十分に味わったものです。

競争とは自分を高めてくれる反面、大きな負荷をかけるものでもあります。

「普段と同程度の力を本番でも出せれば、それで十分」、そう思うことが重要です。

そして、勝てなかった場合。

「競争に参加したことに意義があった」

そうとらえる姿勢が必要です。競争に参加した人も、その周囲の人もです。


スポーツに限らず、自分の努力こそが一生の宝です。

敗れたとしても、その真剣な姿は本当に美しく、心に残ります。

なんらかの競争を強いられている人、競争で敗れたことに傷ついている人に、この言葉が届きますように。

精神科医として、そう願ってやみません。

14

別れより、出会いに目を向ける

突然やってくる「別れ」。
悲しみに慣れる必要はありませんが、
とらわれすぎないようにしたいものです。
遠くにいる相手の幸せを願いながら、
自分の前に広がる世界を見つめていきましょう。

前を向いて生きていく限り、人との別離は必ずあります。

なんだか演歌の歌詞のようですが、本当のことです。


どんなにやさしく、あなたに接してくれる人でも。

どんなによく、あなたのことを理解してくれている人でも。

どんなに強く、結ばれていると確信できる人でも。

あなたの人生の最後の最後まで、伴走してくれるという保証はありません。


仏教では「諸行無常《しょぎょうむじょう》」という教えがありますが、その通り。

親子などの血縁関係の場合、かなり永続的な関係になりますが、老いや病気で先立たれることだって多いものです。

一〇〇年以上生きてきた私が言うのですから、間違いありません。

普通に暮らしているだけでも、ある程度の年齢を超えた親しい人たちが、まるで櫛の歯が欠けるように、旅立っていきます。

それだけでも大変苦しいことですが、病院を運営していると、その何倍もの数の悲しい別離を味わうことになります。もちろん、その別離とは「死別」ではなく、職員さんの「退職」「休職」などです。

皆さんそれぞれ、ご本人のお気持ちや家庭の事情があるので、こればかりは仕方がありません。とはいえ、年度末などに退職者が何人も相次ぐと、しばらく茫然としてしまうほど、虚しさを感じます。

そんなとき、気持ちを立て直すために、私がよく実践しているのは「自分が去ったとき」のことを思い出すことです。

昭和二四年、福島県立女子医学専門学校を卒業した私は、新潟県の県立高田中央病院でインターンとして勤め、引き続き内科医として勤務しました。

その四年後、大恩人である清水安三先生の要請で新潟から上京。東京都町田市にある桜美林学園内に新設された診療所内科に、飛び込むことになりました。

一人前の医師になるべく育ててもらった、最初にお世話になった新潟の病院を辞めるときは、本当につらかったものです。

「患者さんに対して不義理ではないか」という葛藤もありました。

また、当時は付属の看護学院で教鞭も執っていたため「若い生徒たちに申し訳ない」と思えてなりませんでした。

新潟から東京に向かうときは、病院の職員さんたちや、教え子の生徒たちが見送ってくださり、駅はあふれんばかりになりました。

一方、電車が上野駅についたとき、そこには私の知る人は誰ひとりいません。

それでも私は、「上京してよかった」と確信していました。

新潟の病院に勤め続けていれば、勤務医として早々に出世し、安定した人生を送っていたかもしれません。病院経営のための資金繰りに、奔走することとも無縁だったでしょう。

でも、私は新たな道を拓きたかったのです。

私自身のことを振り返っても実感するのですが、「去っていく人」は、往々にして大きな夢や理想、希望にあふれていることが多いものです。

だから、その人を「温かく送り出す」。

年長者には、そんな度量の広さが必要だと痛感しています。

そして、次の「出会い」を心待ちにする。

それが苦しまずに生きる、処方箋のような気がします。

前を向いて生きていく限り、「別離」と同様に「出会い」も必ずありますから。

15

周りの力はうまく借りる

「ひとりでなんでもしなければ」
そう思わないほうが、よいかもしれません。
赤ちゃんが、できることを
ひとつ一つ増やしていくように……。
人は、ある年齢を超えたころから
ひとつ一つ能力を手放していってよいのです。

一〇一歳ともなると、それまでの生活習慣をがらりと変えざるを得なくなることもあります。たとえば、入浴時の洗髪です。

自宅の風呂場で、自分の手で髪を洗うことは、最近になってやめました。

その理由は、やはり安全を考えてのことです。

懇意にしている美容院の方が、週に一度、車でうちにお迎えに来て、美容院のシャンプー台で洗ってくださるというので、お願いすることにしました。

ついでにカットやブローもお願いできるので、とても助かっています。

こう書くと、なんだか贅沢なサービスを享受しているように思われるかもしれませんが、ひとりで洗髪しているときに、不測の事態に見舞われたり、予期せぬトラブルに襲われては元も子もありません。

「命あっての物種」と自分自身に言い聞かせ、明日の自分への〝投資〟のようなものだと思って、美容院の皆さんにおまかせするようにしています。

ただ、お風呂は毎日、自宅で入るようにしています。

「運動がてら、入浴する」ということを、自分に課しているのです。

湯船に浸かったり、からだを洗ったりする作業は、不自然な姿勢になるわけでもありませんし、大きな負担になりません。

ゆっくり慎重にからだを動かせば、転倒のリスクも低いといえます。

もちろんこの先は、ひとりで入浴することもむずかしくなるかもしれませんが、できる限り頑張ってみようと考えています。

入浴するときの温度は、よく聞かれるのですが、42度か43度。かなり高温だと皆さんに驚かれます。

私は熱いお風呂に入るのが好きなのです。

ただ、からだの負担にならないように、早めに上がるよう心がけています。

これは、一〇〇歳を超えた私が実践している、数少ない習慣のひとつです。


皆さんも、七十代、八十代になったら。できることとできないことの線引きを、ご自身できちんと判断する作業を、日々繰り返すようにしてください。

それまでできていた生活習慣が、途端にできなくなったりすることがあります。自分の変化と向き合うことは、ときに面倒であったり、苦しく感じられるかもしれませんが、変化を見過ごしたり、軽く見すぎると取り返しのつかないことになりかねません。

「洗髪は、人に委ねよう」

そう気づけたことは、私にとって人生の大きな英断だったと今でも思います。

とくにけがや病気などのリスクになりかねないことに対しては、我を張って頑張り通そうとするのではなく、慎重になるべきといえます。

16

笑顔に勝るお返しはない

誰かからやさしさをもらったとき。
お返しをしたいという気持ちに駆られたら、
にっこり笑顔を返しましょう。
気の利いたお礼の言葉を
とっさに言えなくたって、いいのです。

年齢を重ねると「周りが気を遣ってくださるなぁ」と感じることが、飛躍的に増えます。外出すると、とくにそう痛感します。

やさしいお気遣いのおかげで、快適に気持ちよく過ごせることはありがたいのですが、ときに恐縮することもあるほど。

そんなときは、気を取り直して「私も周囲の皆さんに、温かな気持ちをお返ししていこう」ととらえるようにしています。

私がまだ元気だった七十代のころ。

帰り道、どうにも荷物が重たくて、ひとりでタクシーに乗ったことがありました。車内に足を踏み入れ、腰を下ろしたとき。

小さな音量で、プロ野球の実況放送が流れていることに気づきました。

私は大のプロ野球好き、しかも筋金入りの巨人ファンですから、結果が気になって仕方がありません。

運転手さんに行き先を告げるなり、「どっちが勝っているの？」と無意識のうちに聞いてしまいました。

すると、「はぁ？」という驚いたような反応が返ってきたのです。

運転手さんはおそらく、「このおばあさんに、いったい野球がわかるのだろうか」と、内心驚かれたに違いありません。

「野球がお好きなんですか？」と、逆に尋ね返されてしまいました。


そこで「巨人の大ファンで……」と自己申告するのも、一層驚かれてしまいそうな気がした私は「まぁね」と返しておきました。

運転手さんは気を利かせて、ラジオの音量をすぐに大きくしてくれました。

察するに、私がタクシーを止めた瞬間、それまでご自身が聴いていた野球中継を、老女のためにあわてて小さくしてくれたということのようです。

それから私たちは、野球談議を楽しみながら、和気あいあいとした雰囲気で帰宅しました。

プロ野球というスポーツは、世間一般の話題の中でも、最もよい話題のひとつであるとつくづく思います。もちろん、どこの球団のファンかを明かさないほうが、余計なトラブルを招く恐れはなくなります。

相手がどこのチームのファンであるのか様子をうかがいながら、じわりじわりと野球談議を展開させていくのは、スリリングな楽しみともいえます。

同じ球団のファンであるとわかったときは、瞬時に連帯感が生まれ、意気投合できるという大きなメリットもあります。

プロ野球という話題は、コミュニケーションの手段として非常に優れていると感心させられます。

ともあれ、人様のご厚意や機転に感心するばかりではなく、私も周りの皆さんに、温かな気持ちをじんわりとでも届けていきたいと願っています。

17

後悔のタネは、減らしておく

何歳になっても、親は親。
死別をしても、親は親。
心の中に、いつもいてくれることは間違いありません。
ひとつでも多く、よい思い出を残したり、
幸せな瞬間を記憶にとどめておきたいものです。

「親孝行したいときには親はなし　石に布団は着せられず」

有名なこの言葉を、一〇〇歳を超えてもなお噛みしめることがあります。

とくに、晩節の一時期を共に過ごした母については「あのとき、ああしておけばよかった」という後悔がいくつか残っています。

皆さんのご参考になりますよう、例をひとつ挙げてみましょう。

私の後悔のひとつは「母に野球のルールを、説明しなかったこと」です。

ごくささいなことに聞こえるかもしれませんね。でも「ささいなこと」ほど、のどに刺さった魚の小骨のように、あとから意外とじわじわこたえてくるのです。

母はテレビのスポーツ番組が好きでした。

相撲、ゴルフ、野球、どれも丹念に見ていました。

ただ野球については、ルールを正確に理解していなかったようです。

「相撲のルールはよくわかる。ゴルフのルールもなんとなく知っている。穴の中にとにかく玉を転がせばいいんでしょう。でも野球は、むずかしくてよくわからない」

母はよくこうこぼしていました。

けれども当時の私は忙しさにかまけて、母の言葉を軽く受け流していたのです。「九十を超えた母に説明をしても、わかるわけがない」と心のどこかで決め込んでいた部分もあります。

母は「ルールがよくわからない」とこぼしながらも、プロ野球の中継をよく眺めていました。わからないなりに、きっと一生懸命、ゲームのルールを考えて、楽しもうとしていたのだろうと思います。

そんな母の胸中を思うと、胸がきりきりと締めつけられるように痛みます。

もし、あなたにまだ親御さんがいらっしゃるのなら。ときには、その言葉に真摯に向き合い、その願いをかなえる努力をしてみてあげてください。

年老いた親御さんの願いは、莫大なお金や、多大な手間がかかるような大それたものではないはずです。たとえば、私の母のような「野球のルールを教えてほしい」という程度の願いではないでしょうか。

もちろん、忙しい方にとっては、それすら面倒に感じられるかもしれません。

けれども、その「ちょっと面倒なこと」に取り組んだ時間こそ、あなたのあとの人生に、たしかなぬくもりを与えてくれます。

もし、親御さんがすでにいないという場合。

「身近にいる大事な人のささやかな願いを、ひとつでも多くかなえてあげる」

そう決めて行動してみてください。

あなたの人生に、一層の張り合いが出ることは間違いありません。

第3章
年齢を重ねながらゆっくり考えたこと

18

年齢を重ねるほど、ユーモアを大切にする

誰かと共有すると、一瞬で楽しくなれる。
ひとりで思い出しても、自然と笑みがこぼれる。
それがユーモアの効用です。
笑いは、私たちの心を解放し、
明るく健全にしてくれます。
「笑えない」という精神状態は、
黄色信号かもしれません。

長い人生を生きていくとき。ユーモアは欠かせないものだと痛感します。日々の中に笑いがあると、より楽しく過ごすことができます。

ユーモアたっぷりの発言を聞いたとき。
「面白い」と感じなくなったりしたとき。
「ふざけている」などと急に怒りだしたくなった場合。
もしかすると、心の老化が進んでいるかもしれません。
ユーモアに対する反応は、心の柔らかさのひとつの指標となるのです。

作家の曽野綾子さんの随筆に『仮の宿』（ＰＨＰ文庫／一九九一年）という作品があります。そこに、印象的な話が収録されていました。
曽野さんの夫・三浦朱門さんが、あるひとりの男性と「生まれ変わったら何になりたいか」を語り合う情景が描かれている、ユーモアあふれる作品です。

「さして働かなくても高収入な、宿屋の入り婿になりたい」

「眠ることが仕事の、ベッド屋の男性モデルになりたい」

男性ふたりが、飾ることなく赤裸々に夢を披露し合う情景は、なんとも愉快で、ひとりで声を出して笑ってしまいました。

この本を読んでから、しばらくは思い出し笑いが抑えられなくて、困りました。

「働かなくて、労せずしてうまい話はないかなぁ」というのは、誰にでもある願望です。いわゆる「棚からぼた餅」、略して「棚ぼた」ですね。これが人間の〝本音〟です。

けれども私たちは、そんな虫のいいことを夢想しつつも、働けるうちはきちんと働き、やるべき務めはちゃんとこなして真面目に社会生活を営むものです。

「働くことは尊いことだ」「勤勉に生きなければ」と、自分自身を叱咤することも多いでしょう。これが〝建て前〟です。

このように人間には、いくつになっても本音と建て前があります。どちらかを否定する必要はありません。両方をうまく操りながら、常識の枠からはみ出ないように臨機応変に生きていく。その匙《さじ》加減ができることが、重要なのです。

ユーモアに話を戻しましょう。

理想的には、周囲のユーモアある発言に反応するだけでなく、自分からユーモアあふれる言葉を発信していくことができれば、最高です。

ちょっとしたひと言で周囲を和ませたり、笑わせたり。

人間関係がより一層なめらかになることは間違いありません。

また、頭のトレーニングにもなります。

年を重ねるほど、心をユーモアで満たしていくことができれば素敵ですね。

19

一日に何度か空を眺める

空を眺めると、
視界が広がります。
目も、目の奥の脳も、そして心も、
心地よいはず。
近くを見てばかりいるから、
疲れを感じてしまうのです。

「面倒なことや嫌なことが多い」、そう感じられてならないとき。

大空を眺めることを、おすすめしたいと思います。

振り返れば、私の人生は時間や期限に追われ、客観的に見ると「面倒なこと」の連続でした。

診察だけでも手一杯なのに、経営上の会議や打ち合わせ、さらには書類の作成や確認まで……。もちろん、どれも重要なことですから「面倒」だとは一ミリも思わず、なるべく楽しむような気持ちで、前向きに取り組んできました。

とはいえ人間ですから、私にも限界はあります。

そんなとき、よく行なっていたのが「大空を見る」という気分転換法です。

私はこの気分転換法を、患者のYさんに教えてもらいました。

ある晴れた日のこと。

患者のYさんが、すれ違いざまに、こんな言葉をかけてくれたことがあります。

「髙橋先生も、病院の職員さんたちも、私たちも、皆一緒にジェット機に乗って、どこかに飛んでみたいの。できないかしら？」

あまりに唐突な話で、私は面食らってしまい「夢の中でなら、できるかもしれないわね」と返すのがやっとでした。

そしてYさんと別れたあと。

「なぜ彼女は、ジェット機に乗りたいと言ったのだろう」と考えました。

そのとき、はっと気づいたのが、目の前に広がる大空と白い雲です。幸いなことに、私の住居のどの窓からも、空が見えるのです。

白い雲が流れる様子は、Yさんの言葉ではありませんが、たしかに「ジェット機が飛んでいるように見える」と感じました。

そして私にも「あの白い雲に皆で一緒に乗れたら」という思いが湧いてきたのです。

きっとＹさんも、私とすれ違う前に、大空と白い雲を眺めていたのでしょう。

それほど大空と白い雲は、人をひきつける魅力にあふれていました。

そして不思議なことに、「さあ、やろう」という気持ちが湧いてきたのです。

「面倒なことに追われたら、また空を見よう」

以来、私はそう決めて、実践をしてきました。


あなたもぜひ、一日に何度か空を眺めるようにしてください。

それも外に出て、できるだけ広い視野で大空を眺めるようにしてみてください。

もっとも、雨が降る日は仕方がありません。そんなときは、窓の外の雨が降る様子に目をやってみてください。

「面倒だなあ」という思いが、スーッと消えていくことがあります。

ときには「面倒なことを片づけたい」という気持ちが湧いてくることさえ、あります から。

20

時間の流れを意識する

季節に合わせて、刻々と変化する自然。
美しさに感激するばかりでなく、
その正確さに、拍手を送りたくなることがあります。
自然と暮らすことで、時間を守ったり、
時宜にかなおうとする姿勢を学べたら、素敵ですね。

以前、蘭の鉢植えを育てていたことがありました。

植物というものは、必ず生長します。その変化は面白くて、さまざまな学びをいただくことができます。

私たち人間の暮らしや、普段考えていることなどは、日々そんなに大きく変わりません。むしろ平々凡々な日常がのんべんだらりと続くものです。

けれども、植物は芽を出すなど、未来を予感させてくれます。

さらに花についていえば、花期になると必ず開花をしてくれます。どのような時期でも、自分の中に刻み込まれた花期の通りに花を咲かせるというのは、素晴らしいことです。これは室内の蘭に限らず、大自然でも同じことです。

私の家からはよく丹沢《たんざわ》連峰が見えるので、観察をしているのですが、どのような異常気象の年でも、十二月の上旬になると山肌が緑から赤へと変わるのです。

その正確さは「まるでタイマーがセットされているかのよう」といえば大げさでしょうか。

小説家の井上靖さんの「お水取り・讃」という題の文章に、次のような箇所があります。

「私は学生時代を京都で過し、そのあとは大阪の新聞社に勤めていたので、奈良のお水取りの名は私には親しいものであった。関西では一般に、奈良のお水取りの行われる三月十二日前後には、必ず寒さがやって来るものと信じられていた。お水取りだから寒いはずだとか、お水取りが近いから寒くなるだろうとか、そのような言い方がされた。（略）

この四、五年、正確なものだけが好きになっている。正確なものだけが美しく見える。わが生活の周辺に於ては、わが家の白梅の花を咲かせる正確さが好きである。十二月半ばに固い蕾を見せ、三月のはじめに最初の一輪、三月半ばの奈良のお水取りの日に繚乱たる開花。この何年か固く己れを持して、これを違えたことはない。」

（※「お水取り・讃」より抜粋。『井上靖全集』第25巻収録／一九九七年八月刊／新潮社）

文中の「正確なものだけが美しく見える。」という気持ちには、私も素直に共感できます。植物は誰に教えられたわけでもないのに、なぜ適切な時期をきちんと守って生命活動を行えるのだろうと不思議でなりません。

自然の正確さには頭が下がる思いです。

畏怖の念さえ抱きます。

植物も命があり、強く生きているのです。

自然の偉大さを思えば、自分自身の日々の雑事など、やすやすとこなしていけそうな気もします。

植物と相対していると「世話をしてやっている」という気持ちになりがちですが、実はさまざまな自然の摂理を教えてくれます。

そういった意味でも、植物との暮らしをおすすめします。

21

人の持つ力を、信じる

コンピュータや人工知能など、
最先端の力で何かが劇的に変わることを
恐れすぎる必要なんてありません。
それよりも、今あなたの目の前にいる人に
丁寧に接することです。

今から十余年前のこと。

地域の「産業医会」からお誘いを受け、電子機器をつくる工場の見学会に参加させてもらったことがあります。

見学者用の帽子や靴カバーをつけて、最先端の設備が導入された半導体や電子機器の工場を実際に見せていただきました。

そこでは目にも止まらぬ早わざで、ロボットが部品を型押ししたり組み立てたり、電子部品の基板をつくったりしていました。

また私たちは、最高度の精密さが求められるという「金型をつくる工程」もしっかりと見せてもらうことができました。金型とは部品の原型ですから、一センチの何万分の一の誤差も許されないのだそうです。

とくに興味深かったのは、その金型を最終的に仕上げる作業室です。

その作業室には作業員の女性たちが八人ほどいて、なんと手作業で金属の部品のようなものを丹念に磨いているのです。

「この工程だけは、どんなに精巧な機械でもうまくできません。手作業が最もよいのです。またこの部屋で働く作業員は、十五年以上かけて訓練を積んできた熟練工たちです」

そんな説明を聞いて、私はとても驚かされました。

これだけ最先端の大がかりな設備や機械を揃えても、やはり人間の力にかなわないことがある。そう教えられて、なんだかうれしくなりました。


それは、私たちが携わる医療の世界と同じです。

近年は医療の現場でも合理化、自動化、機械化が進み、医師や技師の出番が従来よりも少なくなりつつあるというのが現状です。

「もしかして、医師の頭もいらなくなるような時代が来るのではないかしら」

そう感じていたことも、しばしばです。

けれども、その「手作業で磨く」という機械に置き換えられない部分は、医療の現場でもけっしてゼロにはならない気がしています。

工場見学の終わりに、現場の方からこんな挨拶をいただきました。

「機械は大部分の仕事をしてくれますが、機械を使うのは人間です。また、その人たちの人間関係がうまくいっていなくては、大きなよい仕事はできません。ひとり一人の心身の健やかさが大事であることは、言うまでもありません。医師の先生方、これからもどうぞよろしくお願いします」

どこの社会でも心と心の交わりが大切だと気づかされ、帰途につきました。

よりよい仕事、よりよい人生の基盤となるのは、やはり人間関係です。理想的な人間関係の土台となるのは、ひとり一人の心身の健康です。それは、一〇〇歳を超えても同じこと。最近よくそう感じます。

22

敵の戦闘機が飛んできても、人はたくましく生きられる

どんな状況に追い込まれても、
人はその条件で生き抜いていくことができるもの。
楽天的かもしれませんが、私はそう信じています。
だからこそ、先回りをして
若い人にお説教をすることは控えています。

戦時中の食べものの記憶についてお話ししておきたいと思います。

今の日本は高度経済成長を経て、戦後とは比べようもないほど物質的に豊かな国になりました。

それは食についても当てはまることで、現代は「グルメの時代」「飽食の時代」などといわれます。

食べものを軽く扱うような言動を、メディアで見かけるようなことだってあります。もはや現代人にとって「食べもの」とは「お金と引き換えに簡単に手に入るもの」にすぎず、「ありがたいもの」とは認識しにくいのでしょう。

昔の人間として、そのような風潮を憂えたくなることはよくあります。

また、批判精神がむくむくと頭をもたげたり「若い人にガツンと言わねば」という正義感のようなものが湧き起こることもあります。でも、そのたびに私はなんとか思いとどまるようにしています。

それは、現役世代の人たちを、どこかで信じてもいるからです。

もちろん、私のような昔人間が「貧しい時代を思い出すべき」などと言い出せば、耳を傾けてくれる素直な人はいるかもしれません。

でも、私は貧しい時代の思い出を今の人たちに押しつけて「苦しさを考えなさい」などと言う必要はないと思っています。

人は、本来賢くできています。また順応性に富んでもいます。これから万一、時代が変わって苦しい局面が訪れても、必ず強く生き抜いていけるだろうと信じてもいます。

なぜなら、私自身がそうだったからです。

昔話になりますが、戦時中の私の日常についてお話しさせてください。

物資が本当に乏しかった当時、私は医師を目指して専門学校の寄宿舎にお世話になっていました。夜まで必死に勉強をしているのですが、空襲が続いているため、毎晩のように避難命令が出るのです。どれだけ勉強に集中していても、サイレンが聞こえたら仲間たちと共に防空頭巾をかぶって、リュックを背負い、布団一枚をかついで近くの山に逃げなければなりません。

ある夜、私は友人のTさんと共謀して、いつもの避難のコースを外れることにしました。ストレスも溜まっていたのでしょうか、「爆弾を落とされればそれまで」という気持ちで布団もかなぐり捨て、体育館の軒下に腰を下ろし、星空を見上げて語り合うことにしたのです。

私たちはそのとき、貴重品だった炒り大豆をポリポリと食べながら、よしなしごとを話し続けました。

そのときです。

Tさんと私の頭上を、当時最も恐れられていた戦闘機「B-29」がゴーゴーと飛んでいくのが見えました。それは大変な数でした。

一瞬「あっ！」と思いましたが、その大編隊は私たちのはるか上空を通りすぎていきました。生きた心地がしませんでした。

翌日の報道で、B-29の大編隊は北上して仙台に爆弾を投下したことを知りました。

その大編隊の思い出は、私の頭の中ではかなり薄らいできています。けれども、そのときTさんと食べていた、炒り大豆の香ばしい香りや、舌に残る味だけは、不思議に懐かしく感覚として残っているのです。

そのことからも、当時はいかに食料が貴重でありがたいものであったか、察していただけることでしょう。

これからもし、ものがない時代を生きることを強いられても。

いざとなれば、人は誰でもそれぞれ置かれた状況で、ささやかな幸せを見出しながら生きていくことができるはずです。

一〇〇歳を超え、人間の素晴らしさを私は一層強く信じています。

23

死後のことくらい、自由に想像してもいいじゃない

人の生死にまつわることは、
科学で解明できないことのひとつ。
私たちひとり一人に、
解釈は委ねられているのです。
ぜひ、心が温かくなるような想像をしてみましょう。

「死んだらいったいどうなるのか」

これは、人類が太古から答えを探し求めてきた問題です。

生きている間に、正解にたどりついた人は、誰もいません。

どんなに叡智ある科学者も、哲学者も、文学者も、推察する段階までしかたどりつけていません。

なぜなら本人が死んでしまっては、どんなに立派な仮説も、証明をすることがむずかしいからです。

もちろん私も、医師でありながら、人が死後どうなるのかという問題については皆目見当がつきません。

一〇〇歳を迎えるあたりから、メディアに取材されることが多くなりました。

そんなとき、「死」という問題について聞かれることはよくあります。

けれども残念ながら、私は首をかしげるしかないのです。

ただ、医師という立場で述べるのでなく、科学的に考えなくてもよいのなら。

「この世を去った命は、皆〝天国〟で楽しく過ごしている」

そうとらえたいと思っています。

たとえば青空に浮かぶ雲を見ているとき。

雲の形がどうしても、亡き飼い犬の形に見えて仕方がない瞬間があるのです。

その犬の名は、アトラス。妹が生前かわいがっていた、小型のヨークシャーテリアです。

アトラスはとても利口な犬でした。

妹が病床についた時期には、彼女の布団の上に寝そべって離れない一方で、お漏らしをするとベッドの下にもぐりこんでしまう。

ほとぼりが冷めたと見るや、そっと出てくる。

そんなかわいらしいかくれんぼを、繰り返していました。

妹が最期を迎えたとき。アトラスはいつまでも、部屋の片隅に小さくうずくまっていました。すべてをわかっているのだと思うと、不憫でなりませんでした。

そしてアトラスは、妹の死から一年ちょっとで、まるで彼女のあとを追うように、若いながらも天国へと召されてしまったのです。

白い雲、私にとってのアトラスは、ときに早く、ときにゆったりと青空を駆けめぐります。

「私の目には見えない妹のあとを、一緒に楽しく走っているんじゃないかしら」

そう思えて仕方がないのです。

非科学的に聞こえるかもしれませんね。でも、心の中にはそれくらいの自由があってもよいのではないでしょうか。

24

お別れしたあなたへ。亡き人に宛てた手紙をしたためる

書く行為には、癒しの力があります。
言葉を紡ぐことは、
あなたの気持ちを楽にしてくれます。
便箋に、何枚書いてもかまいません。
反対に、一文字も書けなくたって、それでよいのです。

「大事な人を亡くして、悲しみから抜け出せない」という人は多いものです。自分の心を慰め、気持ちを立て直すために。ひとつ、よい方法があるのでご紹介します。

それは「お別れした人に宛てて、手紙を書く」ということです。

私は六十六歳のとき、五歳年下の妹を肝炎で亡くしました。

彼女は事業における私の片腕として大活躍してくれ、困難も幸せも共に過ごしてきた〝同志〟でした。ですから、そんな彼女を失ったことは「今までの人生で、最もつらかったこと」のひとつです。

当時は「なぜ、年下の妹に先立たれたのか」という理不尽な思いに、よく駆られました。でも、少しずつ少しずつ、そんな気持ちと折り合いをつけてきました。

その手段として、手紙をしたためる作業はとても有効だったのです。

彼女の死後約一年後の冬に書いた手紙が記録として残っています。悲しみの底にいる方になんらかのヒントになればと思いますので、乱文ではあるのですが、その一部をご紹介します。


「いよいよ今年も余すところわずかとなりました。あなただったら、きっとぽつぽつとすでに大掃除をしているだろうと思います。

あなたは整理が上手でしたね。タンスの中のどの引き出しも、本当に整然と片づけられていて驚きました。あんなに苦しい病気でありながら、どうやって掃除や整理をしていたのか、えらいものだと思います。

今も彼の地でやっぱり忙しくやっているの？

少しのんびりして楽しんでくださいね。

あなたのいるところは盆も暮れもなく、暖かく和やかなところだと思っています。

こちらは十二月になり、寒さが日ごとに厳しくなってきました。寒がりのあなたは、きっと苦しむと思うので、私は寂しいけれど、よかったのかもしれないと思っています。

あなたは『寒い寒い』とよく言っていましたね。洋服を買うときは必ず、『暖かいものを』と言っていましたね。今の私には、一緒に出かける相手が誰もいないので、あまり買い物にも行かなくなりました。だから、あなたのことばかりを思い出します。

私はあなたになんとか元気になってもらいたくて、買い物に誘ったり、散歩にひっぱり出したつもりでした。でも今よくよく考えると、『無理をさせたのかしら』と悔やまれることもたくさんあるんです。

どうして、もっとあなたのことをやさしく考えてあげなかったのかしらと、そのことのみ心残りなの。

ごめんなさいね。もう間に合わないんだけど。

あなたが葉挿しから丹精して育ててくれたセントポーリア、今やっと育って、美しい花が咲いています。あなたがいた部屋で静かに咲いています。きっとあなたも、見てくれていると思います。

あなたと別れたのは、庭にキンモクセイの香る秋でした。あの斎場の窓から見たキンモクセイは、いつまでも脳裏に刻まれています。

でも今の私は、お線香を上げたり、チーンと鐘を鳴らして手を合わせる気にはなれないのです。あなたがまだ私の身近にいてくれて、常に見守って、話しかけてくれているような気がするからです。

またお手紙を書きます」

昭和五七年十一月　芳枝へ

第4章
生きる力をくれる、ささやかなもの

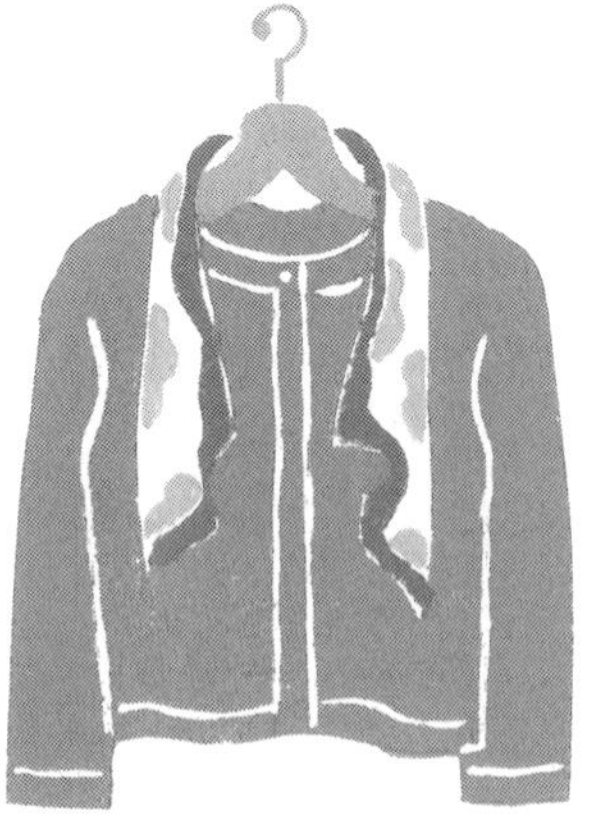

25

天気の悪い日ほど、微笑んでみる

低気圧のせいで体調を崩す人は多いもの。
もちろん精神面でも、
影響を受ける人は珍しくありません。
心を整え、前向きに立て直していくには
口角を上げ、微笑んでみることです。

年をとると、若いころより、よくも悪くも「感覚が鋭敏になった」と感じることがしばしばあります。一〇〇歳を超え、からだが言うことを聞かなくなってくると、なおさらです。

喜びや楽しさを数倍大きく味わえるようになったことは、歓迎すべきことでしょう。

けれども「不安」や「心配」といった負の感情についても、数倍大きく感じるようになった場合。

心の起伏が激しくなりすぎて、疲れてしまうことが珍しくないのです。

血圧と同じで、精神面についても、急激な乱高下はよくありません。

ほんのちょっとしたことで、気分が滅入ったり、眠れなくなったり。

以前は気にも留めなかったことが、無性に気になったり。ささいなことで涙が出てくるようになったり。

そんな兆候に気づいたときは、少し注意をしてほしいと思います。

たとえば、「雨が降ると、途端に気が滅入って仕方がない」と訴える人がいます。気が滅入るだけのみならず、外出の予定があっても、「面倒だから」と取りやめてしまったり。表情が曇りがちになって、周囲の人を心配させたり。悪いことにばかり目を向けて、マイナス思考に陥ってしまったり……。

私もその気持ちはよくわかりますが、たかがお天気ひとつで気持ちを乱高下させないようにしたいものです。


昔からよく言われるように、「恵みの雨」という言葉があります。

人間にとっては煩わしいだけの雨も、動植物にとっては大きな喜びになることも少なくありません。

ものは考えようです。

雨が降ってきたら、田んぼの米がよく育つ。畑の農作物が、大きく実る。

それくらい建設的に思考を切り替えていきましょう。

振り返れば私は、今までに一〇〇回の梅雨の時期を迎え、やり過ごしてきたことになります。気象が大変激しい年も、記憶に残っています。

私が六十代のころ、梅雨の時期の四十日間、ほぼ毎日のように雨に見舞われた年がありました。それは「ねちっこい」という形容がぴったりな梅雨でした。

冗談と思われるかもしれませんが、当時住んでいた家のベランダの人工芝にまで草が生え、草取りをしたほどです。

「そんな馬鹿な」と思われることでしょう。でも、本当の話です。

それから梅雨明け後、やってきた夏は例年よりも暑く、カラリと晴れた気持ちのよい日が続きました。

当時の新聞には「今年はメリハリのある気候だ」というような論説が掲載され

ていましたが、本当にその通りだと感心したものです。

また、しっかりと雨が降った梅雨のあと、太陽がしっかりと照った夏は、作物にとてもよいとも述べられていました。

外出をよくする活動的な人や、仕事で移動が多い人ほど、雨を「煩わしい」と感じるかもしれません。また、感覚が鋭敏で感受性が豊かな人ほど、雨が降ると気持ちが沈むかもしれません。

溜め息をつきたくなったときは、「恵みの雨」という言葉を思い出し、鏡を見て口角を上げ、笑顔をつくってみてください。

不思議なほど、心を前向きに立て直すことができますよ。

これは、私がよく行なう習慣の中でも、最も簡単で、大きな効果を得られるものです。

26

明るい色から力をもらう

「カラーセラピー」という癒しの手段もあるくらい、
色には大きな力があります。
落ち着いた色を選びたくなることも
あるかもしれませんが、
意識的に明るい色を身につけると、
いつもと違う感覚を楽しめますよ。

ここでは、「装い」の重要性についてお話ししたいと思います。

「装い」といっても、「最先端の流行を追うこと」が大事なわけではありません。

高価な人気ブランドのものを、身につける必要だってありません。

年齢を重ねたら、今まで以上に意識したいのが、洋服の「色」です。

あなた自身のために「どんな色をまとうか」という観点で、日々装いを気にしていただきたいのです。


あなたが、一瞬で明るい気分になれる格好。

あなたが一日、気持ちよく笑顔で過ごせる格好。

そんな格好を、毎日続けることこそ、本当の意味で「おしゃれを楽しむ」ということになります。


「周囲の人のためにおしゃれをする」という考え方があるようです。

けれども私は、「自分自身のために、おしゃれを楽しむ」という考え方でよいと思います。だから、あなた自身が好きな色を着ればよいのです。

「こんなに年をとったのに、赤い色を着るなんておかしいかしら」

「派手な色が好きだなんて、笑われるかしら」

そんな気遣いをする必要は、ありません。

誰に遠慮することもなく、堂々と好きな色をまとえばよいのです。

さらに言うと「黒っぽい洋服」は、あまりおすすめできません。

若い人の間では、黒やグレーなど、ダークな色が定番色として人気だと聞きます。

けれども年齢を重ねた人にとっては、パステル調の色や暖色系の色など、明るくきれいな色が理想的です。

そのような色には、見る人の心まで明るくしてくれる力があるからです。

とくに自分の視界に入りやすい上半身は、明るい色がよいでしょう。

私の場合、明るめの紫色が大好きです。

最近は頻繁に外出することも減ったので、服を買う機会もめっきり少なくなりましたが、昔よく着ていた紫系のものをよく着ています。

たとえば紫系のカットソーやブラウス、セーター、カーディガンなどです。

一〇〇歳を超えると、さすがに「一日誰にも会わない」という日もあります。

数字合わせのパズル「数独」に興じたり、花を見ながら絵を描いたり、ひとりで淡々と過ごしているわけです。

そんなときに、好きな色の洋服に包まれているというだけで、心は落ち着き、温かな気持ちで一日を送れるようになります。

そんな色の力を、うまく味方につけていきませんか。

27

掃除とは、実益を兼ねた最高の〝気晴らし〟

「やらねばいけない義務」と思い込むから、面倒に感じる。

掃除は、そんな「義務」の代表格ではないでしょうか。

「遊び」「気分転換の手段」と見方を変えれば、面白くなったり、楽しめたりするものです。

一〇〇歳を超え、最近はからだもだんだんと言うことを聞かなくなり、以前のように勤勉な毎日を送るということはむずかしくなりました。

「それは当然のことでしょう」と笑って受け流していただきたいのですが、毎日のように隅々まで磨き上げるように掃除をする、ということもかなわなくなりました。

けれども振り返ると、六十代、七十代のころはこまめに掃除をしていたものでした。そのくらいの年齢の方のお役に立つかもしれませんので、当時の思い出話を書いてみます。

もともと私は、掃除が大好き。

ひとつの運動、レクリエーションととらえて、よく掃除をしていました。

平日は病院で働き詰めなので、自宅にいるというだけで気持ちがリフレッシュされ、ワクワクするということもあります。

興に乗ると、休みなく掃除を続け、四時間ほど経っていたということも珍しくありません。

たとえば五時に起きて、六時前から掃除を始め、普段できないようなところまで気の済むまで掃除をして、気がつくと十時を過ぎていたりするのです。

それくらいまで掃除をすると、家の中にいることが心地よくてたまらなくなり「本屋に行こう」「買い物に行こう」などという気持ちはどこへやら、昼からの外出をやめてしまい、引き続き片づけに精を出すこともありました。

いったん「今日は外出をしない」と腹をくくると、さらに自宅の中を気が済むまで片づけたくなるものです。

掃除とは、面倒に感じられることが多いもの。

ですが、いったんのめり込むと、やめられない。抗いがたい、大きな魅力があると言わねばなりません。

近年、片づけや掃除がブームになっていると若い職員に教えてもらったことがあります。

たしかに、むべなるかなという気がしてなりません。

最近はメディアの方からの取材で「気持ちよく老いていくコツ」をよく聞かれるのですが、「たまには掃除を楽しんでみること」を挙げたいと思います。

掃除中の注意点は、部屋の気温に注意することです。

人はひとつのものごとに集中しすぎると、ほかのことにまで気が回らなくなりがちです。からだを動かして、とても汗をかくことになるので、部屋の風通しをよくして、室温が高くなりすぎないようにしましょう。それさえ気をつければ、掃除は大きな実益を兼ねたレクリエーションになってくれます。

28

身近な花が、支えてくれる

花は、どんなときも無条件に、
心を癒してくれます。
自分で花の世話ができないという場合、
身の周りに目を向けてみましょう。
都会でも、意外と花は咲いていますよ。

遠くの地にまで足を運び、旬の花を見に出かけることは、人生の大きな楽しみのひとつでしょう。

けれども年齢を重ねるにつれ、だんだんとそれが億劫になることもあります。電車で行くにせよ、車に乗せてもらうにせよ、長時間の移動をつらく感じるようになるのは、避けようがありません。

また、一緒に出かけてくれる人が、徐々に減り始めることも事実です。相手が私と同じように高齢だったりすると、外出がむずかしくなり、遠出の計画が立てにくくなります。

あなたがまだお若くて、足腰が丈夫であるならば。お花見など、お仲間との外出を存分に堪能されてほしい。

私はそう願っています。

もし、そうではないならば。近場の自然や身近な草花を、愛でることを楽しんでみませんか。
私自身は六十代のころから、そんなふうに考え方を変えるようになりました。ごく身近な一本の木や一輪の花をゆっくりと鑑賞すること。日々、定点から観察することにだって、大きな喜びがあります。

たとえば以前住んでいた家の前には、ある工場の女子寮が立っていて、そこの庭のお花たちからは多くの喜びをいただきました。

さまざまな濃淡の紫色のスミレ。
香りがよく、色鮮やかなハマナス。
名前に似合わず可憐な、だいこんの花。
それから、虞美人草《ぐびじんそう》や大手毬《おおでまり》、クレマチス、踊り子草、鈴蘭《すずらん》、おだまき、ばら。
えびね、黄えびね、熊谷草《くまがいそう》……。

ほかにも、名前はわかりませんが、美しい花を何種類もお見かけしました。

その庭は、けっして広大な庭園ではありません。

でも、常に素晴らしい花や珍しい花が、四季折々に咲き誇っていました。


もちろんそれは、女子寮の方々の丹精によるものです。

お花の美しさの背景にある「面倒なこと」にも思いを馳せながら、私はその素晴らしさにいつも驚嘆させられていました。

女子寮の庭の花をじっくり見せてもらった休日は、遠出をしなくても、私にとっての「ゴールデンホリデー」となりました。それほど、美しい花が持つ力というのは、偉大なものです。

花の癒しの力を、あなたの暮らしにうまく取り入れてみてください。

また、花の名前を聞いたり、調べたり。

興味や好奇心を持って行動することも、とてもよいことです。

29

守るべき小さな命が、大きな慰めをくれる

金魚や虫など、
手間のかからないペットを飼うことは、
よいことです。
言葉による対話はむずかしくても、
教えられることは、きっとあります。

ひとり暮らしになってから。

ペットなどの生きものと暮らすことは、とうとうなくなりました。

日々の餌やりから散歩まで、最後まで責任をもってお世話ができなければ、命を育てる資格なんて到底ないと思うからです。

もちろん「そばに生きものがいてくれれば、楽しいだろうなぁ」と、ぼんやり感じることはあります。

そんなとき、決まって思い出すのは、四十年以上も前に飼っていた鈴虫たちの存在です。

日が暮れると「リーン、リーン」という澄んだ鳴き声を聞かせてくれる鈴虫たち。なんとも贅沢な時間を過ごさせてもらったと、今でも感謝をしています。

その鈴虫たちは、そもそも入院患者さんのご家族のJさんから譲り受けたものでした。

「かねてより飼育していた鈴虫たちが産卵し、その卵を孵化させたのだ」

Ｊさんからそう聞いて、私は大変驚きました。

きっと、とても丹精のいることだったと思います。

もちろんＪさんは、楽しみながら鈴虫を育て、お世話をしてこられたのでしょう。鈴虫たちの成長を楽しみにする気持ちが、「面倒だ」という気持ちを上回っていらっしゃったことでしょう。

そんな時期を過ごされたＪさんを、私はうらやましく思います。

もし、あなたに「生きものを飼いたい」という気持ちがあるならば。

早めに行動に移すことをおすすめします。

酷なことを言うようですが、年をとるにつれて体力は否応なしに落ちてくるからです。それも、ある年代を超えると、あらゆる力が急激にガクンと低下します。途中で、小さな命のお世話を放り出すわけにはいきません。

大所帯で生活していて、ほかの誰かがペットの世話を引き受けてくれるなら心配はいりませんが、そうでない場合は大変です。

ペットにまで、悲しい思いをさせることになりかねません。

ペットとして、何を選ぶかも大きな問題です。

犬や猫の場合。朝晩散歩に連れ出したり、外に出してやったりと手間がかかりますが、金魚や昆虫だと比較的手間は少なくなります。

もし、お世話さえきちんとできるのであれば。

「ほかの命と共に暮らす人生は、暮らしに喜びや楽しみを与えてくれる」

精神科医の立場からも、そう申し上げたいと思います。

30

布団から飛び出したくなる楽しみを用意する

気持ちよく布団から出られた朝は、
効率のよい一日になります。
「はじめよければ、すべてよし」
お楽しみを、あえて朝に準備しておくことも、
おすすめです。

巷では『嫌われる勇気』（ダイヤモンド社）という本が評判で、ベストセラーにもなったそうですね。私もそれにならい、さまざまな言葉を考えてみました。人様のお役に立てるような、格好のよいフレーズをつくることができればと思ったのですが、なかなかむずかしいものです。

うんうん唸って、ようやく考えついたのが「布団から出る勇気」という言葉です。逆説的なメッセージでも、奇抜な言い回しでもなく、字面そのまま。なんのひねりもない言葉ですが、私のような老残には、我ながらしっくりくるような気がします。

年齢を重ねると、布団から出ることが面倒で、本音を明かすと「一日中布団の中で過ごしていたい」、そう思うことも増えてきます。

それが、寒さの厳しい季節であればなおのことでしょう。

老いた身ですから、目がぱちくりと覚めるのは、朝早いものです。

朝五時前に、ひとりでに起きてしまうことも珍しくありません。

しかし問題はそのあとです。頭の中でさまざまな声が、会話を始めます。

「今日は特別な用事はないから、ずっと寝ていても大丈夫だ」

「今の私は、家族の世話をしなければいけないわけでもない。のんびりしてもいいはずだ」

「それに、起きたくないのに無理やり起きれば、ストレスになってしまうだろう」

「いや待て、それは『ストレスになる』というよりもむしろ、単なる勝手気ままな振る舞いではないか」……。

そんな葛藤を経て、「布団から出る勇気」を出して、ようやく起き上がる。

もしかして、あなたにもこんな経験はありませんか。

「布団から出る勇気」をふり絞って、起き上がる。そんなイメージです。

とくに冬場は、多大な「布団から出る勇気」が必要になります。

もちろん、布団から這い出ていったん起きてしまえば、こっちのもの。現役でバリバリと働いていた九十代半ばまで、「とにかく身支度をして外に出れば、病院に元気に出勤できる」。そんなサイクルが出来上がっていました。

朝の空気を深呼吸する。眼前の藍緑の丹沢連峰の稜線を見て、その美しさに元気をもらう。そんな行動が自分の中で「儀式化」されていたからです。

だから、とにかく「まず布団から出ること」が重要なのです。

これからの私の課題は、わざわざ勇気を発動させなくても「布団から出たくなる」。そんな仕組みをつくることかもしれません。

たとえば、朝に食べたいおいしいパンを用意するのもよいでしょう。

自分なりの工夫を、ひとつ一つ増やしていくことこそ、年を重ねることの醍醐味かもしれません。

31

酔狂なことでも、書いてみる

批判や悪口を言いたくなったら。
吐き出すことは、大事です。
けれども人に愚痴るばかりではなく、
小説仕立てで書き出してみると、
創作活動へと昇華します。

私はときどき、自分自身のことを「目まぐるしい情報についてゆけなくなった老女」だと痛感することがあります。あなたは、そうではありませんか。

「パソコンがよくわからない」

「スマホ（スマートフォン）と携帯電話は、どう違うのか」

「連絡をとるためには、電子メールをしなければいけないのか」

不便さに悩まされる以上に、取り残されるような悲しみやいらだちを感じる方は、多いようです。

けれども、時代の流れや科学の発達を批判したり、憂いてみたり、進歩にさからうような気持ちになっても、私たちにとって有益なことは何ひとつありません。

そんなとき、自分の心を立て直すため、私はよくＳＦ小説を書いています。

ＳＦ小説といっても、原稿用紙に何十枚も書けるわけではないのですが……。

主人公のおしゃべりを描写するだけでも、楽しくなってくるものです。

お恥ずかしいのですが、会話の部分を少しここでご紹介してみましょう。

「年老いた主人公」という設定の私と、花屋さんとの会話です。

＊＊＊

「お花見予約のご注文をいただきにまいりました。いかがでございましょうか」

「お花見？　今年はもう終わったでしょう？」

「いいえ、来年のお花見です。少しお早いのですが、早期のご予約で、お客様のニーズに合わせて最高のお花見をご用意させていただきます」

「それって、造花のお花見のこと？」

「とんでもない、本物の桜でございます。吉野桜、しだれ桜、八重桜までさまざま揃っております。お客様のご予定に合わせ、最高の開花日にご用意できます。

私どもは、最新技術のバイオテクノロジーを駆使しております。だからご指定の日ぴったりに、どんな花でも最高の状態で咲かせることができるのです」

「まあ、そうでしたか！」

「自然の桜を愛でる場合。開花予想と、実際の咲き具合に、どうしてもずれが生じてしまうものです。職場の皆様でスケジュールを調整して花見の席を設けているのに、出かけた先の桜が見ごろでないと、大変残念なことになってしまいます。そんな事態を避けるために、弊社ではバイオテクノロジーの力で、指定した日に桜を咲かせるという技術を編み出したのです。

もちろん、特許もとっております」

「決めた日に桜を咲かせる技術だなんて、初耳だわ。すごいことだわねえ。でも、それでいいのかしら」

＊　＊　＊

こんな調子で、近未来のことを空想してはノートに書き綴っています。

オチは、ないことがほとんど。私のＳＦ小説によく登場する台詞は、「それでいいのかしら」です。つまり、問題提起をするまでで、やっとなのです。

もし、奇想天外な結末を考えついたり、うまくオチまでつけることができたとしたら。「二〇一歳のＳＦ小説家」として文壇にデビューできるかもしれません。

でも、断片的な書きもので終わっても、私にとってはそれで十分なのです。

昔から多くの専門家が指摘してきた事実ですが、「書く」という作業は、大きな癒しをもたらしてくれます。心の中のモヤモヤがスッキリと晴れたり、まったく新しい見方やアイデアに恵まれることもあります。

誰かをつかまえて愚痴をこぼすよりも、はるかに健全で、建設的です。

文章の巧拙は問いません。また、ＳＦ小説に限らず、詩歌や川柳、はたまた最近流行のブログやツイッターなどでもかまいません。

「書く」ことで、心を立て直す。

そんな人が増えたり、互いの文章を鑑賞し合うような関係が、あちこちに築かれていったとしたら。それはとても素晴らしいことではないでしょうか。

第5章
からだと心の声に
ゆっくり耳を傾ける

32

からだと話をしていますか？

私が今まで大病ひとつせず生きてこられたのは、
自分のからだとの対話を徹底して繰り返してきたから。
「からだと話すことで、病気の芽を
うまく摘んできたのだろう」
そうとらえているのです。

「からだの声に耳を傾ける」

そう聞いて、あなたはどのように感じますか？

「からだの声なんて、聞こえるわけがない」と決めつけてしまっている方は、要注意です。

からだの声を聞いて従うことほど、生きていくうえで大切なことはありません。

そのためにはまず「直感」を磨く必要があります。

「直感」とは五感を超えた「第六感」とでもいうべきものをいいます。つまり平たくいうと「カン」です。

私たち人間は、普段は論理的に主に左脳を使って考えていますね。しかし、直感とはそれらの論理をはるかに超えたものなのです。

たとえば大震災の前に、大量の海洋生物が海岸に打ち上げられたり、火事になる家からネズミが逃げ出していたなどという事実が、伝えられることがあります。

これらのニュースを見ていると「動物には強いカンがあるのだろう」と思わざるをえません。でも人間だって、どれだけ文明を発達させたところで本来は動物にすぎないのですから、そういったカンは備わっているはずなのです。ただ、あまりに生活が便利になりすぎて「カンが鈍ってきている」という人はいるかもしれません。

「からだの声に耳を傾ける」ことは、実は容易なことです。

「なんだかからだを動かしたい気分だ」

「のどが渇いた」

「今日はお肉を食べたい」

私たちの心の中では、このような欲求が無意識のうちに絶えず湧き起こっています。人間のからだはとてもよくできていますから、欲求を察知したからだがそれをかなえようと迅速に働いています。

そして、このような欲求を無意識にかなえるのではなく、「自分の脳は、このように感じているなあ」と意識的に行なうことが重要です。

また、自分の欲求に気づかないふりをしたり、軽く受け流すことは危険です。

たとえば「もう早く横になって眠りたい」とからだが思っているのに、「まだまだ頑張らねば」と眠い目をこすって作業を頑張り続けていては、からだは疲弊してしまいます。

自分の欲求を押し殺すことが続くと、不調や病気が引き起こされると肝に銘じておいてください。


元気で長生きをしたいなら。

むずかしいことを考えたり、さまざまな情報収集に奔走することはありません。

あなた自身のからだの声に、まず耳を傾けてください。

何十年も生き抜いてきたからだには、優れたセンサーが備わっています。

それに気づけるかどうかは、あなた次第なのです。

33

からだはこまめに使う

健康長寿を願うなら、
からだを「適度に」動かすこと。
これ以上の黄金則はありません。
怠けすぎず、頑張りすぎず。
そんな〝塩梅《あんばい》〟を見極める眼力こそ、
大人に必須の力です。

「寝たきりにならず、病気ひとつせず、健やかなままで長生きをしたい」

それは多くの方に共通する思いでしょう。

もちろん私自身、そう願いながら日々を過ごしています。ですから健康法についても、できる範囲でアンテナを張って、情報を集めて実践しています。

以前のことですが「貧乏ゆすりで血流を改善する」という健康法が、テレビ番組で紹介されていました。

直感的に「これはよい方法だ！」と、ピンときました。あわただしい日常の中でも、何かをしながら行なえる「ながら健康法」を、当時は楽しんで続けたものです（今では「ながら」は危ないのでいたしません）。

このごろつくづく思いますが、年代によって、「したほうがよい運動」と「してはいけない運動」との境界線が目まぐるしく移り変わります。

私の場合、若いころはゴルフを楽しんでいたのですが、七十代ともなると、それどころではなくなりました。

そして九十代にさしかかるころから、「歩くこと」自体に注意を払う必要が出てきました。心の中は若いころのまま元気でいるつもりなのですが、考えごとなどをしながらぼんやり移動していると転倒をしかねません。ゆっくり慎重に、立ち止まりながら歩くように心がけています。


気分が若いままでいるのはよいことなのですが、うかつにからだを動かすことはけがのもとになりかねません。皆様にもお気をつけていただきたいと思います。とくに「これくらいは大丈夫」「まだまだ自分にはできる」といった気持ちが、けがのもとです。それは、自分のからだを過信していることになります。

かといって、自分のからだをかばいすぎるのも考えものです。からだを動かさないと、からだはどんどんなまり、使われない機能はみるみる低下していきます。「廃用症候群《はいようしょうこうぐん》」をご存じでしょうか。安静にしすぎたり、活動量が減ったことによって、からだにさまざまな変化が生じる状態をいいます。

たとえば病気になったときは、安静にして寝ていることが求められますが、そのような状態が長く続くと、知らず知らずのうちに「廃用症候群」が引き起こされてしまいます。とくに高齢の方の場合、入院や病気がきっかけで安静にする癖がついてしまうと、気がついたときには「自力で起きられない」「一歩も歩けない」などという事態になっていることが珍しくないのです。


廃用症候群にまつわる興味深いデータをご紹介しましょう。入院などで絶対安静の状態になったと想像してみてください。「公益財団法人長寿科学振興財団」のウェブサイトでは「一週間で十〜十五パーセントの筋力低下が起こる」、また高齢者では「二週間の床上安静で下肢の筋肉が二割も萎縮する」とされています。

つまり過度に安静にしたり、からだを動かさなくなると、筋肉が痩せ衰えたり、関節の動きが悪くなります。そしてこのことが、さらに活動性を低下させ、ますます全身の身体機能に悪影響をもたらし、最悪は寝たきりとなってしまうのです。

ですから廃用性症候群を遠ざけるためには、たとえ入院中などであっても、からだを無理のない範囲で動かすことが大事だと、医療関係者たちが警鐘を鳴らしてくれています。


まして、入院中の身ではないのなら。なるべくからだを「使う」という気持ちで、ご近所をゆっくり散歩したり、軽い体操を行ったり、積極的に階段を上り下りするようにしてみましょう。

途中で「疲れた」と感じたら、無理せずに椅子に腰かけて休んでください。

「休むこと」は、「怠けること」ではありません。疲労を回復して次へと備えることになります。

自分の本当の欲求に忠実にしたがってみること。

それが、私の健康習慣の〝核〟であるかもしれません。

34

危険信号は早めに出す

「きっと頑張れるはず」と思って
取り組んでいても、
いざ始めてみるとむずかしいことがあります。
そんなときは、気負いすぎず周りに助けを求めること。
それも、身につけておきたい「力」のひとつです。

年齢を重ねると、ふとしたことがきっかけで、人格が突然変わったようになることがあります。

以前よりも、よい感じに「やさしくなる」「親切になる」「明るくなる」など、プラスの変化であれば、さして心配することはありません。

ですが、周囲に対して「厳しくなる」「高圧的になる」「悲観的になる」などマイナスの変化である場合。ちょっと注意が必要です。

あなた自身もそうですが、あなたの周りにもそんな変化が見られる人がいたら。

早めに、なんらかの対応をとったほうがよいでしょう。

お近くの精神科の受診をおすすめします。

「家族が精神科に行くなんて……」と、思われる場合。

つまり「精神科」という言葉に、心理的なハードルがある場合。

いつものかかりつけの主治医に相談するところから始めてみてもよいかもしれません。症状によっては、心が落ち着くような薬を出してもらえることもあります。医師に話をするときは、症状や現れた変化について、具体的に話してください。

たとえば「ものを投げる」「暴力をふるう」など乱暴な行為については、早く伝えるべきです。そのような振る舞いのせいで、周囲の誰かが被害を受けることが懸念されるからです。

精神科に限らず「わざわざ病院に行くなんて……」と、思われる場合。

受診して、医師とコミュニケーションをとることが面倒だと感じる場合。

知人や親戚、行政の窓口にとにかく早く相談をすることです。

適切なサービスを受けられることもあります。

とにかく困ったときは、危険信号を早めに発することです。

職業柄、昔から私のところには、多くの方々からさまざまな種類の〝危険信号〟が集まってきたものでした。

噂を聞きつけて、遠い土地から電話をくださる方が多かったのです。

直接の問診がかなわない場合は「とにかく早めに、通える範囲の場所に精神科の先生を探して、受診してください」と助言しています。

「ほんの少し電話で話を聞くだけでも、気持ちの慰めになるのなら」という姿勢で、お話を傾聴することはあります。

一〇〇歳を超えた今、体力的にもそんな電話にはもう対応させていただくことがむずかしくなりました。ただ私の心には「世の中には、お困りの方が数多くいる」という事実が、くっきりと刻み込まれています。

たとえば、私の故郷・新潟にお住まいの方から連絡をいただいたことがあります。その方を仮にHさんとしましょう。

Hさんのお悩みは、年老いた父親が突然「荒々しくなる」「怒りっぽくなる」というものでした、その原因は、Hさんの母親の胃がんによる入院でした。

普通に考えると、家族から病人が出た場合。家族は一丸となって助け合うことが理想でしょう。

けれども、年齢を重ねていた場合。突然のショッキングな出来事を受け入れることができず、心の病気が発症するという事例がよくあるのです。

Hさんには、父親を精神科医に診せるようお伝えしました。

自分自身の発病はもちろんですが、一緒に暮らす家族が発病する。

そのような出来事も、人生後半には起こり得るものです。

不測の事態に驚き悲しむお気持ちはわかりますが、どうか冷静さを失わず、周囲に助けを求めるようにしてください。

危険信号をうまく発信することも、老いを充実させていくひとつの技術です。

35

長寿の秘訣は、挑戦、節制、適度な負荷

健康情報があふれ返る今、
「どうすればからだによいか」は、
皆さんだいたいご承知のはず。
頭でわかってはいても、自制するのはむずかしいもの。
健康によいほうを積極的に選びたくなるよう、
普段からストレスを溜めないことも大事です。

世の中は健康ブームで、さまざまな商品が出回っているようです。

「からだによい」とされる健康食品を買ったり、サプリメントを常飲していたり。家の中での体操を補助するような健康器具も、さまざまな種類があるようです。

でも考えてみると、私は特段「健康のため」「長生きのため」と思ってお金を使ったことは一度もありません。

身の周りの知人や友人に「これを使うといい」などと特定の商品をすすめられたことも記憶にありません。

医療関係者の知り合いも多いのですが、彼らが「健康のために何かを常用したり、常飲している」などと耳にしたことは皆無です。

「でも髙橋先生は、健康で長生きするために特別なことをしているでしょう？」

よくそう聞かれます。

もちろん、私が実践している習慣はいくつかあります。

けれどもそれらはすべて、普通の暮らしの延長線上に位置することばかりなのです。今まで病院の創設や経営でお金にまつわることにはいろいろ苦労をしてきたので、締まり屋なのかもしれません。

私が心がけているのは、次の三大原則です。

①「挑戦」の要素を大切にする（数字合わせのパズル「数独」や、水彩画を趣味にするなど）

②ほんの少し節制する（食事や酒量の節制など）

③からだにとって、よい負荷になることを選ぶ（自宅の階段の上り下りなど）

これらの原則は、「やろう」と思えば普通に実践できることなのですが、つい軽く見たり、原則を破りたくなることもあります。

そんなときには「やる」か「やらないか」。十秒間立ち止まって、考えるようにしています。

「パズルをすれば、頭がスッキリするはず。今やらないともったいない！」

「今日の食事の量は、本当に私に必要かしら。疲れているときは、消化に負担がかかるし、食べすぎないほうがよいのではないかしら」

「しんどいけれど、時間はあるのだから、階段を一歩一歩踏みしめて下りよう」


このように、「やりたくない」と迷いが生じた瞬間に、冷静に10秒間考えられるかどうかが健康長寿を左右します。その瞬間に、イライラしていたり心配事があったり、心が不安定だと、十秒間の問答がなかなかできないわけです。

だからこそ、普段から心を穏やかにしておくことが大切なのです。


たとえばお酒好きの方は、飲んでいるときのことを思い浮かべてください。

「明日は仕事があると頭でわかっていても、何か気になることがあると、なかなか自制が利かなくなる」

そうお悩みの方はよくいらっしゃいます。

私の場合は、「一五〇ミリリットル」という一日の上限量を決めていて、いかなるときもそれを超えないように気持ちをコントロールしています。一五〇ミリリットルというとおちょこで三杯程度です。

「少ない」と思われる方も多いでしょう。もちろん私だって、「もう少し飲みたい」という気持ちが首をもたげることはあります。

でも「料理の味がわからなくなってもいい？　おいしいと感じられるうちにやめておいたほうがよいのでは？」と問答を繰り返すと、飲みすぎることなどありません。

また、そこで抑制が利かなくなるほど、ストレスを溜めないようにも気をつけています。

こういった十秒間の問答を自分自身と積み重ねていくことも、心身を健やかな方向へ導いてくれる大事な習慣のひとつです。

36

自炊にしがみつかなくていい

今まできちんと台所に立ってきた人ほど、
自炊ができなくなることに
罪悪感を持たれるようです。
うまく人の手に委ねること、楽をすることも
練習していきましょう。

一〇一歳ともなると、七十代や八十代の方とはからだの自由度がまったく違ってきます。ご参考になればと思いますので、私の日常について書いてみましょう。

大きな変化のひとつは「食事の買い出しに、頻繁に行かなくなった」ということでしょう。

私の場合、自宅の玄関が三階にあるため、外出しようと思うと、まずは五十段の階段を歩いて下りなければなりません。それは、一〇一歳の身にはかなりハードルの高いことです。頑張りすぎてけがをしてしまっては、周囲に余計迷惑をかけることになります。そんな理由もあって外出は控えめにしているのです。

ではいったい、食糧をどのように調達するのかというと、周りの方々のご厚意に支えていただいています。

毎週一回は、姪が来て身の周りの世話をしてくれることになっています。そのときに、食材を大量に買い込んできてくれるので、冷凍するというわけです。

また、ありがたすぎて自分でも信じられない夢のような話なのですが……。

病院の職員さんたちやご近所の皆さん、身内などが、ひっきりなしにわが家を訪れ、手作りの惣菜や、さまざまなおいしいものを差し入れてくださるのです。

「先生、夕食に間に合うように、温かいものを持ってきたわよ！」

そんなやさしい言葉を思い出しながらいただくご飯ほど、滋養に満ちたものはありません。

もちろん、私も米を炊いたり、ひとり分の肉や魚を焼いたりというような簡単な調理はします。肉や魚などのたんぱく質は、積極的にとりたいと気をつけています。とはいえ、なんでもひとりで完全にこなそうと、肩に力を入れすぎるのはよくないようです。

からだが自由に動くうちはともかく、かなりの年齢を重ねたら。

病気やけがのリスクが思い浮かんだら。

「ひとりでやり遂げたい」という気持ちがあっても、人様の助けもうまく借りて、安全第一に暮らしていく。そんな姿勢が大切な気がしています。


たとえば、一度でも骨折をした場合。入院に至ったり、歩行がむずかしくなるなど、生活に予想以上のダメージを受けます。

また小さな骨折がきっかけで、寝たきりになってしまっては大変です。

自分自身のからだの変化を受け入れるということは、暮らしの変化を受け入れるということでもあるようです。

一〇〇歳という節目も無事に越せたわけですから、自然の流れにさからわず、できる範囲で、ゆるりゆるりと過ごしていきたいと願っています。

37

食事は「おいしくいただける量」が適量

「たくさん食べることこそ、元気な証拠」
そう思い込んでいる方が、なんと多いことでしょうか。
あらゆる生命維持活動は、縮小していくものです。
食事も然り。
あなたが元気なうちに、
周りの方に伝えておきましょう。

ここでは体重についてのお話をします。

人は、年代で体重が増減します。

あくまで一般論ですが、四十代以降は「メタボ体型」という言葉に象徴されるように、「やせていく」より、「太り始める」人が増えます。

これは代謝が落ちるせいで、ある程度は仕方がないことです。食事量や運動量をうまくコントロールして、適正体重をうまく保つことが必要です。

そして、七十代や八十代以降ともなると、今度は「やせ始める」人が目立つようになります。

それにともない、食事量も自ずと減少します。

かくいう私の体重は、現在三十五～三十六キログラムの間を推移しています。

三十キロ台というと驚かれることもあるのですが、昔からやせているほうだったので、とくに問題があるわけではありません。ただ、食べる量は七十代、八十代のころよりも確実に減ったという実感があります。

極端な少食というわけではありませんし、晩酌もほんの少し楽しみます。

それでも、体重は三十キロ台。

これが一〇一歳の私のベスト体重なのでしょう。

皆さんの中にも、「年齢を重ねて食べる量が減った」という方がいらっしゃるかもしれません。けれどもそれは、病気が原因ではない限り、ごく自然なことです。

健康診断などで、なんの異常もなければ、少食気味になったことを心配しすぎることはありません。

「少食になったなぁ」と最近実感した〝目安〟があります。

それは夕食前の「おやつ」です。

いつのころからでしょうか、おやつにお饅頭などをいただくと、お腹がいっぱいになって、夕食がとれなくなってきたのです。

お若い方には、まったく想像もできないことかもしれませんね。

でも、それが年をとるということなのかもしれません。

今では、お饅頭などの甘いものは、朝にいただくようにしています。

小さなお饅頭一個と、小さなヨーグルト一個と、お茶一杯。

それで私の朝食は十分です。

「おいしい」と思いながらいただける限界量です。

もちろん昔は、もっと多くの量を食べられていました。けれども、たとえば「菓子パン一個を一食で完食する」などということは、今ではむずかしくなりました。

「食べたくないときは、無理して食べる必要はない」

「少食は、気にしなくてよい」

「おいしく食べられる量こそ、その人の適量」

こんな言葉を、皆さんに贈りたいと思います。

38

寒い場所に、身を置かない

いくら親切な人たちに囲まれているとしても。
そのときどきの気温に
必ず気遣ってくれるとは、限りません。
「寒い」と自分で気づいて、移動できる。
調節を試みることができる。
そんな姿勢を身につけておきましょう。

私がよく電車に乗って出かけていた六十代のころの思い出話をさせてください。年齢を重ねると、気を遣うことのひとつに「寒さ対策」があります。真冬はもちろんのこと、春や夏など気持ちのよい季節であっても、朝晩はうんと冷え込むことがあります。季節に合った見た目のまま防寒するのは、なかなかむずかしいものです。

もし、自宅にずっといるのであれば、さっと一枚、上着を羽織ればいいだけですから話は簡単です。人目も気にしなくてよいのですから、洋服のコーディネートに悩むこともありません。そういった意味では、外出というのは上着などの手荷物も増えがちで、年をとればとるほどその準備が大変になるような気がします。

こんな話も昔話になりましたが、以前よく電車を使っていたころは、車内に思わぬ伏兵がひそんでいることがありました。

それは「開けっ放しの窓」です。

ほんの数センチ、窓が開いているだけでも、そこから風がピューピュー吹き込んで、老身にこたえるのです。むしろ、その開いている幅が狭いほど風の勢いは強くなり、寒さが数倍に感じられます。

若い方なら「車窓から入ってくる風が気持ちいい」と感じるかもしれません。でも私たちにとっては「これが命取りになるのではないか」と思えるほど、ヒュウヒュウと身を切る風がおそろしいのです。

そんな席に座らざるをえなかったとき。

「一刻も早く窓を閉めなければ」と思うわけですが、周囲をちらりと一瞥しても、私の〝同志〟はひとりも見当たりません。そこで仕方なく、自分ひとりでガラス戸を引き上げることになります。

一〇〇歳を超えた今ではとてもむずかしいのですが、六十代のころは電車の窓を独力で開閉することができたものでした。

もちろん、窓の開け閉めは、けっこう力のいる作業です。

けれども「立ち上がって窓を閉める」というひと手間をかけるだけで、ピュウピュウと身を切るような風を止め、心の平安を一瞬で取り戻すことができます。

もし、あなたのからだがまだ自由に動くのであれば。

気温を調節する手間を惜しまないようにしてください。

体温は高めのほうが、あらゆる病気にかかりにくいという説があります。

体温を下げないためには、周囲の気温を下げないことが、まず重要です。

また、あなたのからだの自由がそろそろ利かなくなっているのであれば。

周りの人にうまく声をかけて、快適な室温を保つことを習慣化していくことができれば、理想的です。

39

両手を使えば、脳に刺激を与えられる

「左利きがよくない」とされたのは、もはや過去の話。
利き手ではないほうの手も、お遊びでよいので、ときに活用してみましょう。
認知症を遠ざけられるかもしれません。

時代と共に、価値観は移ろってゆくものです。

私が幼少のころは、絶対的な「悪」とされていたことが、近年では「個性のひとつ」として認められていたりして、驚くことがあります。

たとえば「左利き」についての世の中の認識です。


実は私は、生まれつきの左利きです。

皆さんご存じのように、昔は「左利き」というと大変な「悪」とされ、周りの大人たちに厳しく矯正されるというのが一般的な流れでした。

また、左手を使っているところを人様に見られるということは、大変恥ずかしいことでもありました。

私もご多分に漏れず、両親に右手を使えるように、左利きを直された覚えがあります。

訓練のおかげで、お箸とペンを持つときだけは、なんとか右手で持てるようになりました。

けれども、それ以外はほとんど、ずっと左利きのまま。

多感な学生時代は、左利きというコンプレックスに苦しめられた時期もありました。けれども医師になり、精神科医の道を選び、さまざまな文献を読んだり、勉強を重ねるうちに、「左手を使うこと」に、大きな不利益はないはずだと思い至るようになりました。

脳の構造上、科学的に考えてみると「左利きであること」で、損なわれることは何もないはずです。

ただ、文化や慣習という面で「左利きであること」が少数派とされ、「よくない」と規定されているにすぎません。

現在は左利きのことを「サウスポー」などと呼び、野球などのスポーツでは珍重されたり、個性のひとつとして認められるようになったようです。

なんとも幸せな時代だと思えてなりません。

左利きの人の場合、むしろ大きなメリットがあります。

「右手も使えるようになりなさい」と導かれることが多いため、両手が同じ程度に器用に使えるようになる。そんな傾向が強いのです。

たとえば私は学生時代のお裁縫の授業のとき。針を両手で交互に使って、布をチクチクとうまく縫っていました。

「右からも縫える、左からも縫える」という技は、意外と役に立つものなのです。

そのとき初めて、「左利きもいいものだなあ」と感じたことをよく覚えています。

脳科学的に言うと、「右手を使うとき」と「左手を使うとき」の脳の回路は異なります。

右手も左手も使うということは、脳の広い部位を使うことになるため、脳全体の活性化に役立つといえるはずです。

利き手ではないほうの手も、積極的に使うことは、よい脳トレになるでしょう。

今の私は「認知症が遠ざかりますように」という期待も込めて、両手を同様に使うようにしています。

作業は早くはかどりますし、言うことはありません。

もし、あなたのお子さんやお孫さんなどに左利きの人がいらっしゃったら、右利きに矯正しようとばかりせず、少し見方を変えてみることを、おすすめします。

また、あなたもときには利き手ではないほうの手を、お遊びでもよいので使うようにしてみてください。最初は時間がかかることでしょう。けれども、両手を使うことを習慣化して、脳に適度な刺激を与えることは非常によいことです。

40

家の中でも運動はできる

「雨が降っているから外に出られなくて」
「家が狭いから、からだを動かせなくて」
こんな言いわけをしなくてもよいように、
自宅でもできる簡単な運動を、
いくつか考えて習慣化しましょう。

健やかに長生きしたいと願うとき。欠かせない「運動」について、お話ししておきましょう。

運動といっても、八十代、九十代を超えると外での活動はなかなかむずかしくなるものです。

熱中症になりそうな、夏の暑い日。

外に出るだけで震えが止まらなくなりそうな、冬の寒い日。

はたまた小雨が降りしきる日……。

たとえ数分間でも、厳しい環境に身を置くと、命取りになりかねません。

そんな方は、自宅の中で活動量を増やせるよう、工夫をしてほしいと思います。

運動量を増やしたり、運動の強度を上げたり。

日常生活を通してからだによい効果を及ぼすことは、意識次第で十分可能です。

たとえば私の場合。

どこにも外出をしない日は、終日椅子に座っている姿勢をとることがほとんどです。それはからだにとって、けっして理想的な状態ではありません。

同じ姿勢でいることの弊害として、エコノミークラス症候群や糖尿病など、さまざまな病気の発症リスクが指摘されています。

ですから私は、座ったままの姿勢でいても、ときどきからだを動かすように気をつけています。

とはいえ、激しい動きではまったくありません。

ラジオ体操よりもっと簡単な動きのもの。たとえば、椅子に腰かけたまま両手を上に気持ちよく伸ばす、といった軽度のストレッチです。

単なる背伸び、といってもいいかもしれません。

でもその程度の運動でも、やるのと、やらないのとでは大違いなのです。

また、私の自宅は縦長の面白い間取りになっていて、廊下だけで十一メートルもあります。気が向いたときは、そこをひとりでスタスタと歩くこともあります。車や自転車に接触する心配もないので、安全です。

運動を習慣化するには、「気づいたときに、気持ちよくやる」ということが鉄則です。「運動を行うなら、風呂上がりのからだが柔らかい時間帯が最適」などと言われますが、私は「気づいたときが、頑張りどき」ととらえています。

お茶の間で、テレビを見ながらでもよいのです。

「何も動かないよりは、動くほうがいい」

心理的なハードルをそれくらいに下げて、楽しくからだを動かしてみましょう。

一〇〇歳を超えた私でも、えっちらおっちらからだを動かせているわけですから、皆さんならもっと効率よく、運動量をかせげるはずです。

41

がんとも一緒に仲良く生きる

ふたりにひとりが、がんになると言われる時代。
たとえがんになったとしても、
その病名に負けない心が大切です。
治療の手を尽くしたあとは、
がんを自分の分身ととらえてみましょう。

年齢を重ねると、心身に不調が生じることは珍しくありません。

また、それにはっきりとした病名がつくことも多いものです。

けれども、どんな大病になったとしても、主治医ときちんと連携したり、治療を受けたり、手を尽くしている状態であるならば、

「病名に負けない」

そんな姿勢も大事になってくる気がします。


たとえば「がん」です。

がんになったことがきっかけで、心の治療が必要なほど落ち込んだり、前を向く気力を奪われたりする方は珍しくありません。

なぜそんな話をするのかというと、私の患者さんに、「がんになったのですが……」と前置きをしてから心の苦しみを打ち明けてくださる方が、とても多くいらっしゃったからです。

心の不調の原因は、複合していることが多く、ひとつの原因に絞りきれないものです。とはいえ、がんが心の不調の引き金になる事例は、非常に多い、そう痛感せずにはおれません。

がん患者であることを打ち明けてくださる方の中には、「積極的な治療に踏み切ることはせず、経過看察している」という方もいらっしゃいます。

七十代、八十代ともなると、がんを切除するメリットよりも、からだにメスを入れることの不利益のほうが大きくなるという理由からです。

「主治医と相談したところ、もう年なので、手術は見送って、とりあえず見守ることにしたんです。でも不思議なことに、がんの大きさは、それからほとんど変わらないんですよ」

女性患者のＯさんは、そう教えてくださいました。

そんな方に、精神科医として助言を求められるとき。

私は、よくこう答えてきました。

「がんを怖い、怖いと思わないで、これから仲良く一緒に生きていけばいいんじゃない」

するとOさんは、はっと驚くような表情をされたあと、納得して安堵したような顔を見せてくださいました。

私は、がんの見立てや治療を専門とする医師ではないので、がん患者さんに細かい助言をすることはできません。

けれども、精神面から支援しようとする場合。

「がんと一緒に生きていく」という考え方は、患者さんの心を落ち着かせ、慰める力を持っています。

それほど、多くのがん患者さんは、「がんである」というストレスに、常時さらされてしまいがちなのです。

昔の医師は、そんなストレスの大きさをよくわかっていました。

だから、がんだとわかっても患者さんにショックを与えないため、あえて告知をしなかったのです。私が若いころは、それが常識でした。

けれども今は時代が進み、「がん＝不治の病」とは限らなくなりました。

積極的な治療に挑戦するにせよ、経過を看察するにせよ、「がんとだって、共に生きていく」。

そんな心の持ち方を、習慣にしてみてはいかがでしょうか。心身が全体的に健やかであることこそ、人間にとって本当に理想的な状態なのですから。

おわりに

この年齢になると、正直なところ、楽しみの選択肢は自動的に狭くなってしまいます。

「好きなときに、自由気ままに、行きたい場所を訪れる」

昔はできて当たり前だったそんなことも、残念ながらだんだんむずかしくなっていきます。

「それが一〇〇歳を超えるというものなのだ」

最近は、そう受け入れられるようになりました。

そのかわり、ひとりで家にいても充実した時間を過ごせる術を身につけました。

たとえば趣味の水彩画に、夢中になることが多くなりました。

面倒なことをすべて終えて、純粋に好きなことに没頭できる時間は、本当に幸せです。

水彩画を趣味にしてから、「何を描こうか」と被写体を探す視点で周りを眺めるようになりました。

「おいしそうなブドウをいただいたから、ちょっと描いてみよう」

そう思うと、食べる喜びと描く喜び、どちらも味わえるようになります。

たとえ、自由に動き回れる身ではなくても。

「幸せの種」を増やすことを習慣にする。

そんな積極的な姿勢こそ、元気に生きる秘訣なのかもしれません。

あなたの毎日が、より多くの「幸せの種」でいっぱいになりますように。

心より祈念しています。

髙橋幸枝（たかはし・さちえ）

1916年11月2日、新潟県生まれ。新潟県立高田高等女子高を卒業後、東京で海軍省のタイピストとして勤務。退職後、北京にて日本人牧師のもとで秘書として働く。医学部受験を決意し、帰国。福島県立女子医学専門学校に入学、卒業後は新潟県立高田中央病院に勤務。

1953年に東京都町田市の桜美林学園内に診療所を開設。その後、1966年に神奈川県秦野市に「秦野病院」を開院し、院長に就任。現在も「秦野病院」「はたの林間クリニック」「子どもメンタルクリニック」「はたのホーム」「就労移行支援事業所りんく」などを運営する医療法人社団秦和会理事長を務める。

著書に『小さなことの積み重ね』（マガジンハウス）、『100歳の精神科医が見つけた こころの匙加減』（飛鳥新社）、『そっと無理して、生きてみる 百歳先生の人生カルテ』（小学館）などがある。

一〇一歳の習慣

いつまでも健やかでいたいあなたに、覚えておいてほしいこと

2018年2月26日　第1刷発行

著　　者　髙橋幸枝
発 行 者　土井尚道
発 行 所　株式会社飛鳥新社
〒101-0003　東京都千代田区一ツ橋2-4-3 光文恒産ビル
電話 03-3263-7770（営業）　03-3263-7773（編集）
http://www.asukashinsha.co.jp

装　　丁　石間　淳
装　　画　太田裕子
編集協力　山守麻衣

印刷・製本　中央精版印刷株式会社

ISBN978-4-86410-595-8

編集担当　池上直哉